KB053041

내 멋대로 유럽 생활

내 멋대로 유럽 생활

김주연 지음

생각의빛

제1부
낯선 땅 입문기

20대, 홀로 여행 통한 결심

　대학생이 되면서 20대 초반에 결심했던 것들이 여러 개 있었다. 그중 성인이 되어 경제적인 자립을 하게 되면 언젠가는 꼭 홀로 여행을 떠나리라 마음먹으며 계획을 세웠다. 집에서는 첫째 딸로 태어나 기질적인 특성으로 자아도 강하고 누구에게 의존하기 싫어하고 자립심이 강하면서 도전하기를 즐기는 성향으로 바뀌면서 성장했다. 환경적인 영향으로 변하게 된 성격도 있었다.

　점점 크면서 부모님의 잔소리와 눈치에서 벗어나고 싶은 마음에 독립 만세 외치며 집을 나오고 싶은 마음이 굴뚝같았다. 집 떠나 홀로 생활해보자는 마음에 대학 여름 방학 때 미국에 있는 자매결연 맺은 학교를 신청하여 가보기로 했다. 열심히 아르바이트해서 번 돈과 평소에 절약해서 모은 돈으로 미국 땅을 밟았다. 강의 들으며 정해진 스케줄대로 움직여서 그런지 특별한 어려움 없이 지내고 새로운 문화에 재미를 느끼고 돌아왔다. 방학 기간만 다녀온 터라 많은 부분이 아쉽기도 했고 영어를 잘 못한다는 생각에 적극적이지 못한 자세로 지낸 것에 속상하기도 했다. 귀국하는 비행기 안에서 생각한 것이 경제적으로 독립하여 돈을 벌게 되면 혼자서 여행을 떠나리라 마음먹었다. 취업은 순조롭게 되어 대학병원에서 간호사로서 일하며 정해진 날짜에 한 달에 한 번 돈이 입금되어 들어오는 시스템의 사회 첫 출발이 시작되었다. 많은 간호사가 느끼는 것처럼 가장 힘들었던 것은 야간 근무를 할 때였다. 사직서를 내고 싶은 마음이 들기도 했지만, 인내심과 자립심도 키우면서 재밌게 지내려 노력했다. 이곳에서 견디지 못하고 쉽게 그만두면 다른 직장도 마찬가지일 것이라는 생각에 몇 년은 배워야 할 것 같았고 돈을 모으고도 싶었다. 단지 심신의 나약함으로 금방 포기하는 것은 옳지 않다고 생각했다.

개인적으로 밤 근무를 마치고 병원을 나올 때의 느낌은 제소자가 감옥에서 형을 마치고 나온 느낌이 들었다. 감옥을 가보지는 않았지만, 그때는 야간근무가 그만큼 싫었고, 야간근무만 아니라면 다른 어떤 일이라도 좋겠다 싶었다. 병원 정문을 열면 어두운 터널을 뚫고 아침 햇살이 얼굴을 비추면 뿌듯함보다는 기분이 묘해지면서 피곤이 몰려왔다. 사회 초년생이라 적응하는데 당연히 어려움이 따랐겠지만, 해가 거듭될수록 야간근무는 더욱더 힘들었다. 목표가 뚜렷했기에 월급을 받으면 대부분 돈을 저축 먼저하고 절약하면서 1시간 넘지 않는 거리는 걸어 다녔고 기초화장품만 사고 쇼핑도 즐기지 않으며 몸이 피곤해서 딱히 하고 싶은 것도 많지 않았다. 부모님과 지내서 돈을 더 많이 모을 수 있었던 것 같다. 떠날 때라는 느낌이 와서 약 4년 동안의 첫 직장생활을 마치고 차곡차곡 모은 돈으로 워킹 홀리데이 비자를 들고 호주로 떠났다. 예전부터 마음속으로 생각한 나와의 약속을 스스로 지키기 위함이었다. 그 당시에는 떠나고 싶은 마음이 간절하여 많은 사람의 반대에도 무릅쓰고 앞으로만 돌진했다. 약 4년이라는 시간 동안 직장생활이 어떤 것인지도 절실히 깨달았고 돈의 소중함과 인간관계의 복잡함 등을 배울 수 있는 곳이었기에 아쉬움 없이 떠날 수 있었다. 그때 느꼈던 마음이 지금도 간직하며 지내고 있어 단시간 내 퇴직하지 않고 다녔던 것이 잘한 선택이었다.

때로는 울기도 하면서 모은 자금을 가지고 우리나라가 아닌 호주에서 간호사로서 일해보기 위해 비행기에 몸을 실었다. 간호사라는 직업이 우리나라보다는 호주에서 대우가 더 좋다고 들었기 때문이다. 워킹 홀리데이 비자를 받아서 도착하여 먼저 호주에서 지내고 있었던 지인과 며칠만 함께 있기로 했다. 영어를 배우기 위해 영어학원에 등록하고 사는 동네를 익숙하게 익히기 위해 혼자 어설픈 영어로 물어보며 다녔다. 망설여지기도 했고 창피하기도 했지만 생존하기 위해 알아가고 부딪치며 지낼 수밖에 없었다. 의지할 곳이 없으니 용기가 생기게 된 것이다. 언어만 다를 뿐인지 사람 사는 곳은 크게 다르지 않다는 것도 알아갔다. 하지만 시간이 흐를수록 나에게 외국 생활에서 가장 큰 어려움은 적적함, 외로움이 사무친다는 것을 뼈저리게 느꼈다. 남들은 잘 지내보이는데 나는 견디기가 힘들었다. 영어를 빨리 익힌다고 일부러 도심에서 벗어나 한국인이 많지 않은 시외 학교에 등록하였다. 유창한 영어 실력은 아니었기에 외국인 친구 사귀는 것도 힘들어 외로울 수밖에 없었다. 호주에서 정착해서 간호사로 생활해보려고 한국을 떠났는데 건강에 이상 신호가 오고 이렇게 스트레스 받으며 산다는 것은 옳은 결정이 아님을 깨달았다. 또한 한국에서 힘들게 번 돈을 쉽게 쓰고 있는 것은 아닌지에 대해서도 갈등이 생기고, 향수병이 생기니 무엇을 해도 즐겁지가 않았다. 정신이 건강하지 않으니 부정적인 생각이 들고 자존감이 떨어졌다. 이런 상태에서 이국땅에서 혼자 지내는 건 힘들겠다는 생각에 한국행을 결심하고 뉴질랜드를 여행한 후 한국으로 돌아오고 말았다. 사실 반년 만에 한국으로 돌아온다는 것이 주변 사람들에게 창피하기도 했고 특별한 결실을 보여야 하는 것도 아닌데 스스로가 실패자로 느껴져서 괴로웠지만, 남의 눈보다는 내가 중요한 것으로 생각했다. 남의 시선 때문에 억지로 참고 지내는 건 진실한 나의 삶이 아니라 남의 삶을 사는 것이다. 혼자만의 생각일 뿐 타인은 나에 대해 큰 관심도 없는 것이 현실이다. 남의 시선 남의 생각에 연연하다가 정말 중요한 것을 놓칠 수 있으니 자신을 생각하고 우선순위를 정해야 한다. 지금 생각해봐도 한국으로 돌아온 것에 후회하지 않고 우울한데 무조건 참고 아픔까지 견디며 살았다면 심각한 문제가 발생했을 수 있었겠다 싶다.

호주까지 갔으니 가까이에 있는 이웃 나라 뉴질랜드는 여행하고 싶었다. 용기를 내어 영화 '번지점프를 하다'에서 나오는 번지점프가 생각나서 직접 해 보기도 했다. 혼자 이곳까지 왔는데 해보고 가야 후회되지 않을 것 같았다. 짜릿함과 두려움이 교차하는 순간이었다. 때로는 아무 생각 없이 해야지만 이룰 수 있는 것들이 있다. 많은 고민과 상황을 고려하다 보면 못하게 되는 일도 있다는 것이다. 뛰어내렸다는 성취감에 뿌듯했다. 숙식은 객실 하나에 6~8개의 침대가 있어 각각 다른 나라에서 온 여행자들과 함께 숙박하는 유스호스텔에서 젊은 친구들과 지내면서 어울렸다. 동화 속에나 나올법한 마을에서 호수를 보며 더 나이를 먹고 결혼 후 언젠가는 가족과 함께 해외에 나와 다시 살아보리라 결심했다. 혼자가 아닌 가족이 함께라면 외롭지 않고 잘 지낼 수 있을 것 같았다. 호주에서 최종 목적은 달성하지 못했지만, 외국에서 혼자 살아봤다는 자신감과 생각대로 되는 일이 있다는 것과 내가 즐기기만 한다면 사람 사는 것은 크게 다르지 않다는 것을 알았다. 가장 큰 깨달음은 어디에 있든 무엇을 하느냐가 중요한 것이 아니라 어떻게 지내느냐에 대해 사색을 하고 마음 편하게 지내는 것이 가장 중요한 것이다. 혼자 하는 것을 즐기는 사람이 있고 그렇지 않은 사람이 있다. 내 경우는 마음이 통하는 사람들과 함께 지내는 것에 더 큰 행복감을 느끼고 혼자만의 외로움을 즐기지 못하는 유형이라는 사실도 알게 되었다. 스스로에 대해서도 알지 못했던 부분을 새롭게 알게 된 좋은 기회였다. 자신에 대해 공부하는 시간을 가진 셈이다.

　확실히 20대 여행은 열정과 패기가 넘친다. 위험한 것도 무서울 것도 없이 덤비고 도전한다. 가만히 생각해보면 지금 하라고 하면 어떤 이익을 준다 해도 하지 못할 일들을 그때는 무모하게 했으니 무지가 용감했던 것인지도 모르겠다. 호주에서 영어도 잘 못 하면서 여행자 수표를 가지고 은행에 가서 돈으로 바꿔 달라고 요구한 일, 영어 학원 여러 군데 직접 찾아가서 인터뷰하고 한 군데를 선택하여 등록한 일, 혼자 집 알아보고 이사한 일, 호주의 멜버른에서 야간 버스 타고 밤새도록 달려서 시드니까지 도착한 일 등 혼자 알아보고 정하고 해냈으니 말이다. 한국에서도 집 떠나 혼자 살아본 적도 없던 내가 외국에서 해낸 것이 신기할 따름이었다. 현실이 되면 어떻게든 살아지는 것 같다. 그 당시 여행할 때 보니 유창한 영어 실력으로 다른 나라 젊은 친구들이 엄청나게 큰 배낭 하나만 짊어지고 여행을 다니는 모습이 신선하게 다가왔다. 한편으로는 젊음이 주는 기쁨이라 생각한다. 우리나라도 요즘은 홀로 배낭 메고 세계 여행 떠나는 청춘들을 흔히 볼 수 있다. 반복되는 삶에 얽매이지 않고 여행을 통해 배우고 느끼면서 자신을 찾아가는 것 같다. 멋지고 아름다운 곳은 정말 많지만, 그것을 바라보고 느끼는 자신의 마음에서 배우는 것이 다를 것이다. 여행은 풍경을 보는 것이 아니라 자신의 마음을 보는 것이라는 생각도 들었다. 연못에서 놀고 있는 오리만 보고 있어도 마음이 편안하다면 굳이 어디를 갈 필요를 못 느낀다. 해외 여행한다고 돈 쓰면서 다녀도 마음이 편하지 않고 괴롭다면 그 어떤 좋은 곳에 가서도 즐겁지 않은 법이다.

가족이 생기면 다시 한번 외국 생활에 도전해야겠다는 것을 염두에 두고 간절히 바라고 기회를 만들기 위해 노력했고 그렇게 해서 스위스에서 살게 된 것이다. 20대부터는 인생 계획을 세웠던 것이 신기하게도 이루어진 것이 많았다. 정말 원하는 것을 메모하고 그 방향으로 생각하고 구체적으로 계획 세우면 이루어진다는 것을 체험할 수 있었다. 자주 들어왔던 이야기이겠지만, 자신의 삶은 자신이 만들어 가는 자의 것이다. 때로는 일이 잘 풀리지 않아 꼬이고 꼬여 모든 것을 내려놓고 싶을 때도 생긴다. 태어날 때부터 금수저를 가지고 태어나 고생이나 큰 노력 없이도 편하게 부를 누리며 살아서 부러움의 대상인 사람들조차도 고민은 있게 마련이다. 현재 富 상태가 미래의 富로 이어진다는 보장도 없는 것이다. 현재를 수용하고 즐기는 자가 가장 현명한 것 같다.

또한 20대 혼자 여행하면서 크게 깨달은 것은 할 수 있을 때 즐기고 미루지 말아야 한다는 것이다. 돌이켜보면 호주에서 홀로서기가 내 인생에 있어 자신감이 생기는 터닝 포인트 시기였다. 각자의 일을 하면서도 즐길 수 있는 것들을 충분히 찾아보고 시도해보아야 진정 좋아하는 일이 무엇인지 알 수 있다. 시간은 기다려주는 것이 아니기 때문에 할 수 있는 시기라 생각되면 결과에 연연하지 말고 후회되더라도 시도하고 후회하자. 실패가 무서워서 그 안에 머무는 삶보다는 느리게라도 조금씩 즐기는 삶을 살아가리라 결심했다.

어느 나라로 갈까?

호주 여행할 때 유스호스텔에 머물면서 젊은 외국 친구들이 일찍이 부모에게서 독립하여 외국 여행하고 다니는 용기가 대단해 보였다. 지금이야 한국 대학생들도 많이 다니고 있지만, 그 당시에는 그 외국 친구들의 자신감이 부럽기도 하고 어릴 적부터 색다른 문화적 차이를 알 수 있었다. 들어보지도 못한 생소한 나라에서 온 친구들도 많이 있었다. 그 당시 세상을 넓게 보고 느끼고 가볼 곳이 많다는 것도 알게 된 사실이었다. 전 세계 많은 나라 사람들이 모여 지구를 형성하고 있다는 생각을 하니 타국의 삶에 대한 호기심도 강하게 생겼다. 한 번뿐인 인생을 하나의 나라에만 살아보는 것은 지구에 대한 예의가 아니라는 생각도 들었다.

30대 가정을 이루고 20대 때 홀로 해외여행에서 결심한 것을 실천하기 위해 어떻게 하면 해외에 나가서 살아볼까를 호시탐탐 기회를 엿보았다. 언제가 될지는 모르지만, 미래 어느 날 해외에서의 삶을 꿈꾸며 맞벌이를 하면서 절약

정신을 가지고 살았다. 자본이 있어야 할 수 있는 것들이 많은 시대라 저축이 답이고 절약이 정답일 수밖에 없다. 미래에 하고픈 것이 명확했기 때문에 항상 저축을 먼저 하고 난 나머지 금액으로 생활을 유지했다. 직장생활을 하면서 예의 있는 몸가짐은 유지하면서 남에게 보이기 위한 외모에 소비되는 돈은 지출하지 않았다. 좋은 사람들과 맛있는 식사를 하는 곳에는 지출을 아끼지 않았고 굳이 사지 않아도 될 옷이나 화장품 가방 등은 소비를 줄여가며 생활했다. 우리 부부의 계획으로는 아이들이 중학교를 입학하기 전에 꼭 다른 세계를 맛볼 기회가 오도록 만드는 것이었다. 매일 반복되는 일상에서 벗어나고도 싶었고, 학교와 학원이 전부가 아님을 느끼게 해 주고 싶었다. 물론 부모의 뜻대로 아이들이 깨달음을 얻을 수 있을지에 대한 것은 알 수 없지만, 자극을 주면 작은 영향이라도 받을 것이라 생각했다. 새로운 자극은 초등학생 때가 적절하게 수용도가 높고 깨달음이 생겨 생각하는 힘을 키워 줄 것이라 믿었다.

우리 가족이 주어진 환경 속에서 여러 가지 조건을 고려 했을 때 신랑이 다니는 회사에서 좋은 기회가 생겼다. 기회를 엿보고 몇 년을 기다리다 신이 주신 시간이 찾아왔다. 어느 나라를 갈까를 고민하다가 조금이라도 언어를 할 수 있는 영어권 나라인 곳에 가면 낫겠지만 결정은 유럽 쪽으로 향했다. 새로운 모험을 하며 도전 정신이 발동했다. 유럽은 여러 나라가 가까이 있어 접근성이 쉽고 색다른 문화를 접할 수 있어 1년 생활해보는 삶으로 적절하다고 판단했다. 200개가 넘는 전 세계 중에서도 많은 사람이 살아보고 싶어 하는 나라, 행복지수가 높은 나라, 자연이 아름다운 나라 스위스에서 살아보기로 하고 일을 진행하며 꿈꿨다.

아이들에게도 조금은 친근한 미국문화보다는 접해보지 않은 문화가 있는 스위스에 관해 이야기 해주고 함께 지내보자고 제안했다. 스위스 관련 역사책도 읽고 각 도시의 특색에 대해서도 알아가면서 살아있는 교육이 될 수 있겠다 싶었다. 현실적으로 먹고 살아가야 할 터전이라고 생각하니 공부가 저절로 되고 관심을 가지고 정보 수집을 했다. 스위스 역사와 관련된 만화책도 읽어보고 간접적으로 문화를 익히고자 노력했다.

신혼여행으로 스위스와 프랑스를 갔을 때, 시간이 많지 않아 융프라우만 올라가서 보고 설경에 감탄사만 내뿜고 다시 한번 오고 싶다는 생각을 잠시 했었다. 스위스의 루체른 도시는 잠깐 들러 카펠 교 앞에서 사진만 찍고 다시 기차를 탄 기억이 난다. 그 당시에는 비행기 시간에 쫓겨 여유도 없어 아름다움을 깊게 느끼지 못했다. 신혼여행 때도 시간에 쫓기지 않는 느긋한 여행을 즐기고 싶어 다시 스위스에 오겠다는 나와의 약속을 마음속으로 했었다. 이제 나 혼자가 아닌 가족과 함께 자연이 축복받은 나라 스위스에서 산다고 생각하니 가슴이 뭉클해지고 새로운 세계에 기대가 되었다. 외국에 잠시나마 혼자 살아봐서 그런지 해외 생활에 두려움이나 거부감은 없었다. 직접 한번 해본 경험에서 얻어지는 것이 또 다른 삶에 도움이 되기도 한다. 남들이 해주는 이야기나 찍어놓은 사진만으로 온전한 느낌을 전달받을 수 없다. 직접 해보지 않고는 이야기를 할 수도 없는 것이다. 다른 사람에게는 별로였던 것이 나에게는 큰 감동과 감흥이 전달될 수도 있다. 이왕이면 간접 체험보다는 직접 체험으로 느끼고 살아가야 한다.

이번에 떠나는 도전은 혼자가 아닌 든든한 가족이 있기에 어떻게 하면 알차게 보낼 수 있을까에 초점을 맞췄다. 1년 후 한국에 귀국하여 스위스에서의 삶이 후회되지 않았다는 생각이 들도록 살아야겠다는 중압감이 생겼다. 쉽게 얻은 기회도 아니고 바쁘게만 살다가 이런 시간이 주어지니 마냥 행복했고 기쁘고 감사한 생각이 앞섰다. 꼭 뭔가를 하려 하지 말고 편하게 글 쓰고 책 읽는 시간이 주어지는 것 만 해도 행복이라 생각했다.

　스위스로 가는 것이 확정된 후에는 서울에 있는 스위스 대사관에 2번 정도 가서 비자 신청하고 승인이 떨어진 후 비행기에 몸을 실었다. 설레는 마음으로 폴란드를 거쳐 한국을 떠난 지 총 14시간 후 스위스 취리히에 도착하여 앞으로 벌어질 일들에 대해 상상하며 무조건 즐기는 삶 모드로 지낼 것을 마음속에 선언하였다.

　신랑은 스위스에서 가족과 함께 새로운 생활을 꿈꾸고 있다는 이야기를 자주 했다. 스위스에서 함께 지내보니 새로운 건 맞는 이야기인데 함께여서 이해하고 넘어가야 할 부분도 많이 있었다. 가족 사이에서도 알지 못했던 부분을 알게 되는 기회가 되었고 문제 해결하는 방법에도 능숙해졌다. 물가가 워낙 비싼 것만 제외하면 스위스를 선택하여 살아본 것은 축복이고 기쁨이었다.

돈 걱정보다는 경험을 선택한 부부

세계 여러 나라 중 스위스에서 1년 살기로 했다고 주변인들에게 알리니 이 구동성으로 하는 첫 마디가 "아! 부럽다"였다. 나도 만약 지인 중 스위스 가서 살게 되었다고 들었다면 "부럽다"라는 말부터 했을 것이다. 그 다음으로 사람들이 한 말은 "돈 많이 들겠다"였다. 워낙 물가가 비싼 나라로 알려졌기 때문일 것이다. 사실 경제적으로만 생각한다면 부담되는 나라인 것은 사실이었다. 스위스에는 특색 있는 음식 메뉴도 몇 가지 안 되고 평소 먹는 것이 빵, 피자, 소시지, 치즈, 고기 등인데 외식비는 얼마나 비싼지 늘 집에서 만들어 먹어야 할 것 같았다. 해외 뉴스를 접하면 햄버거조차도 유럽 중 스위스가 가장 비싸다고 하니 부담이 되었다. 그래도 스위스에서 생활해보는 경험이 돈으로 살 수 없는 경험이라는 판단하에 스위스행을 결심한 것이다.

사람들은 각자의 가치관이나 우선순위 등에 따라 치중하는 소비품목이 다르다. 평소에 돈을 벌면 어디에 쓸 것인지? 왜 돈을 모으는지에 대해 생각을 많이 하며 지냈다. 돈의 소중함을 알고 있고 돈의 힘도 알고 있다. 학창시절에도 엄마께서는 돈은 버는 것보다도 쓰는 것이 중요하다는 말씀을 자주 해 주셨다. 살아보니 그 말이 맞는 말씀이었다. 난 남들에게 보이기 위해 지나친 외모나 브랜드에만 신경 쓰는 사람들과는 가까이 지내지지 않았다. 자연스럽게 나와는 가치관이 다르고 이야기 코드가 달라서 가까워지지 않는 것이다. 기본적인 예의에 어긋나지만 않게 갖춰 입고 행동을 하면 된다고 생각한다. 가지고 싶었던 비싼 물건들도 가지게 되더라도 행복감을 느끼는 것은 오래 가지 않는다. 보이는 것에만 치중하다 보면 정말 중요한 것을 놓칠 수도 있다. 어른뿐 아니라 아이들도 브랜드를 따지는 것은 유독 우리나라가 심한 것 같다. 물건은 시간이 지나면 낡고 고장 나고 찢어져서 버리게 되어 있다. 자신의 내면을 쌓는 일에 투자하는 것이 오랫동안 남고 나를 발전시켜준다. 개인적으로는 독서, 여행, 콘서트 등 경험을 쌓는 일 등에 소비한다. 내 인생에 있어서 소비패턴의 우선순위가 높은 것들이다. 그것들과 관련되어 지출할 때는 행복감이 올라가고 시간을 알차게 보내게 된다. 열심히 일해서 번 돈을 새로운 경험으로 축적해서 다시 머릿속에 쌓아둔다.

대학에서 간호학을 전공했고 결혼하여 직장 다니면서 워킹 맘으로 살면서 사이버 대학에서 사회복지와 상담심리를 배웠고, 그 후에도 상담대학원도 졸업했다. 주 1회 기차 타고 서울에 가서 책 쓰기 코칭 과정도 수강하여 들은 적도 있다. 내가 번 돈을 나의 배움에 쓰기 때문에 출석률도 높고 보람 있다. 또한 어떠한 배움이든지 남는 것이 한 가지 이상이 있다. 배운 지식이 모두 영원히 기억에 남지는 않지만 지혜가 생기고 나아갈 방향을 제시해준다. 밥값만큼 비싼 커피를 식사 후 매일 마시는 일이나 의미 없이 형식적으로 가는 술자리 모임보다는 자신에게 이득이 되고 남는 게 무엇일지 고민해봐야 한다. 돈은 배움과 경험에 투자하는 것이 남는 장사라 생각한다. 그것이 스위스를 선택한 이유이다.

아이들 교육에서도 경험을 중요하게 생각한다. 지식을 하나 더 쌓는 일보다 무엇인가 직접 해보고 느낄 수 있는 경험에 적극적으로 지원한다. 여러 경험을 통해 깨달은 것이 많다는 것을 몸소 체험했기 때문에 아이들에게도 어릴 적부터 경험의 기회를 많이 부여해 주어 넓은 세상 속에서 자리매김하는 사고를 하게하고 싶었다. 틀에 박힌 사고와 보이는 것이 전부가 아니라는 것을 알려주고 싶었다. 부모라는 역할자로 처음 살아보는 것이기에 시행착오도 많을 테고 잘못된 판단으로 갈 수 있다고도 생각한다. 현명한 부모 밑에 현명한 아이가 있듯이 부모의 역할은 정말 중요하다. 살아오면서 가지게 된 사고가 모두 옳은 것은 아니지만, 가치관과 옳은 판단으로 아이들에게 도움이 되리라 믿으며 알려주는 것이다.

회사에서 1년 동안 출장 다니면서 다른 지역에서 희로애락을 느낄 수 있는 사건들도 많았다. 해보지 않은 일을 한다는 것 자체가 모험이고 도전이며 흥미로운 일이다. 우리나라에서만 살았다면 느끼지 못했던 것을 보고 듣고 느끼면서 견문을 넓힐 기회가 되었다.

'요즘 사람들은 왜 여행에 빠져 있을까?'를 생각해보았다. 매스컴에서 여행과 관련된 장면을 보여주는 것도 자극요인이 될 것이고 일상에서 벗어나서 느긋함을 느끼고 싶은 마음일 것이다. 여행을 가면 현실에서 벗어나 업무나 가정일에 덜 신경이 쓰여 마음이 편해진다. 여행을 어디로 가느냐도 중요하겠지만, 그보다 더 중요한 것은 누구와 함께 어떤 마음으로 여행을 갔느냐도 관건이다. 꼭 굳이 여행을 가지 않더라도 현재 자신이 가지고 있는 마음이 편안하다면 행복하다는 의미이다. 그 행복을 찾아서 돈을 벌 때는 열심히 벌고 중간중간 경험 쌓는 일에도 투자하며 인생의 맛을 느껴보자. 스위스에서 생활비로 드는 비용이 많았지만, 경험으로 인해 용기와 자신감을 얻어갈 수 있는 밑거름이 되었고 무엇보다도 나를 알아가는 시간을 가졌음에 감사하게 생각한다.

기회가 자주 찾아오지 않는다

가족이 함께 해외 생활하고 다시 한국으로 돌아와야 한다면 아이들이 중학교에 가기 전이 학교, 교우 관계 등의 문제를 봤을 때 적절할 것으로 판단된다. 더 성장하면 다른 문화 적응하는 데 더 힘들 것이라 예상했다. 또한 우리 부부의 나이가 점점 들어감에 있어 다른 나라에 사는 모험이 쉽지만은 않을 것 같았다. 나이를 먹으면 자금이 풍부해져 경제적 여유가 생길 수 있을지는 모르지만, 건강이나 체력이 보장해준다고 어떻게 장담하겠는가 말이다. 고민한 결과 바로 지금이 가장 적절한 시기였다. 1년 동안 출장 다니는 곳으로 발령을 받아 다니느라 몸도 지쳐 있었고 아빠의 건강 악화로 병간호를 해드리고 가슴 아프게 떠나보내 드린 후라 심적으로도 힘들었다. 다행히도 다니고 있던 회사에 휴직을 낼 수 있는 상황이라 가족이 동행할 수 있었다. 휴식이 필요했는데 모든 게 잘 맞아떨어진 것에 감사하고 또 감사할 따름이었다. 원하는 대로 관심을 가지고 그 방향으로 뻗으면 기회가 언젠가는 온다는 것을 보여 준 또 다른 사례였다. 스위스에서 살면서 틈틈이 하게 될 유럽 여행은 체력도 좋아야 더 많이 보고 가슴에 담아둘 수 있다는 것을 알기에 체력관리도 필요했다. 체력이 고갈되어 있던 상태라 한국을 떠나기 몇 개월 전부터 저녁마다 30분 이상 흙을 밟으며 걷기 운동을 하고 아이들도 함께 걷기도 하고 태권도 학원에 다니며 운동을 시켰다. 타국에서 지낼 때는 아플 때가 가장 큰 위기라 건강만은 잘 유지할 수 있기를 기도했다. 필요한 영양제도 사 먹고 건강 유지를 위해 끊임없이 준비하고 노력했다. 쉽지 않게 얻은 기회를 몇 배 더 알차게 보내야겠다는 생각에 평소보다 더 열심히 건강에 신경 썼다.

요즘 사람들이 새롭게 시도하는 것 중 하나가 제주도에서 1달 살기, 호주에서 1달 살기 등 현재 사는 곳에서 벗어나 다른 곳의 문화 속에 빠져 여유를 즐기고 있다. 그 심리는 무슨 이유일까? 새로운 것에 도전해보기도 하고 가족과 좋은 추억을 쌓고 싶어 하는 마음일 것이다. 새로운 것을 알아보고 결정하려면 부지런해야 한다. 쏟아지고 있는 정보 속에서 나에게 필요한 것을 요약해야 하고 기본적인 숙식부터 꼼꼼하게 점검해야 한다. 누가 목적지까지 데려다 주고 살 수 있도록 모든 것을 세팅 해주면 좋겠지만 그렇지 않다는 것이다. 귀찮아 하는 버릇에 빠져 있는 사람은 절대 할 수 없는 일이다. 그런 점을 감수하면서도 다른 지역에서 살아본다는 것은 안주하지 않고 변화를 꿈꾸며 지금을 즐기고 싶은 마음이 강한 사람들이라 할 수 있다. 당장 내일도 알 수 없는 것이 인생이라 현재에 충실하고 현재를 사랑하며 현재에 투자하는 사람들이다.

물론, 반복되는 일상생활에서 크게 벗어나지 않고 사는 것을 행복으로 느끼는 사람들도 있다. 옳고 그름이 있는 것이 아니라 자신이 원하는 인생 스타일을 선택해서 즐기면서 살아가면 되는 것이다. 지인 중에서도 승진에도 욕심 없이 주어진 업무 열심히 하면서 주변 사람들과 어울리며 삶에 만족감을 느끼며 정년퇴직을 목표로 하는 사람이 있다. 그 사람은 그렇게 사는 것이 행복인 것이다. 반면 뭔가 변화를 추구하고 다른 것에 도전하는 자는 늘 준비하기 때문에 기회가 찾아오고 다양한 것을 해 볼 수 있게 된다. 그렇게 살면서 만족감과 자존감을 높이며 사는 부류인 것이다. 우리 부부는 다행히도 이런 점에서는 생각이 같았기에 다른 나라에서 살아보기에 도전할 수 있었다. 만약 부부 중 한 명이 다른 나라에서 사는 것을 원하지 않았다면 이루어질 수도 없는 일이다. 의견이 일치하여 자연 자체가 그림 같은 아름다운 스위스에서 살아 볼 기회를 얻었다. 꿈꾸지 않았다면 기회조차 만들려 하지 않았을 테고 잠시 여행 정도로만 다녀왔을지도 모른다. 꿈을 이루려 노력하니 길이 보이고 문이 열리면서 현실로 다가온 것이다. 해외에서 살기 위해 신랑은 몇 년을 준비했고 일을 성사시키기 위해 에너지를 쏟았다. 노력하니 운도 따라주어 하늘이 우리의 소원을 들어주셨다. 우리 부부는 각자가 결혼 전에도 결심하고 나면 뒤를 돌아보지 않고 밀고 나가는 추진력은 있었다. 그때는 각자의 몸 하나만 챙기고 판단하고 결정하면 되었기에 수월했지만, 아이들 포함 가족이 생기니 쉬운 일은 아니었다. 다니던 초등학교 문제도 처리해야 했고 1년 후 복학은 어떻게 해야 할지도 문의해야 했다. 몸과 마음이 바쁘게 움직이게 되었지만, 스위스에 갈 준비를 하면서 원하는 기회가 주어진 것에 꿈만 같았다.

스위스 가기로 결정된 후, 비자 신청을 위해 스위스 대사관에도 다니고 행정 서류들도 챙겨가며 해외 1년 살기 사전 공부를 시작했다. 결정하기까지가 어렵고 고민이 되는 것이지 결정 된 후는 즐겁게 맞이할 마음의 준비과정이 행복이었다. 여행도 마찬가지로 여행을 가기로 정한 후 이것저것 준비하며 필요한 것들도 사면서 그 과정에서 행복이 찾아오지 않는가!

또 다른 감사한 일 중 하나가 가족 모두가 건강하다는 것이다. 기본적으로 건강이 허락되지 않으면 도전하는데 무리가 따르고 걱정이 앞섰을 것이다. 직장에서도 보면 40대쯤 되면서 아픈 사람들이 증가한다. 아픔을 원하는 사람은 어디에도 없다. 잘 지내다가 느닷없이 찾아오는 것이 건강의 적신호이다. 아무리 건강할 때 잘 지키려 노력해도 환경과 식품 때문인지 나이 들면 서서히 한 군데 이상은 아픈 곳이 생긴다. 그래서 한 살이라도 어릴 때 많은 것을 체험해 보기를 바라며 무엇이든지 때가 있다는 말이 와 닿기도 한다.

지나고 나서 생각해보면 때가 있는 일들이 많았다. 완벽한 준비는 있을 수 없기에 준비를 어느 정도 했다 싶으면 적절할 때를 잘 맞추어 시도해야 한다. 이때다 싶은 감이 오면 하는 것이다. 나중으로 미뤄서 할 수도 있겠지만 그때 가서 하면 시간이 더 오래 걸릴 수도 있고 상황이 마음대로 이루어지지 않을 수도 있다. 하고 싶을 때 해야 열정이 최고조에 달하기 때문에 행복감도 성취율도 높아진다. 매번 무언가를 도전할 때마다 아빠의 반대로 힘들었었는데 지나고 나니 아빠께는 죄송했지만, 나의 선택에 후회한 적이 없다. 도전하면서 살았기에 내 인생 이야기가 만들어진 것이고 자존감 높아진 사람이 되었고 두려움이 적은 사람이 되었다. 내 인생을 대신 살아주는 사람은 없고 스스로가 만들어 가야 한다. 부모님의 말씀을 전적으로 다 따르는 순종적인 아이보다는 자신의 신념으로 하고자 하는 일을 부모님께 어필할 수 있는 사람이 되었으면 좋겠다. 지금 아니면 잡을 수 없을 것 같은 좋은 기회를 잡고 함께 스위스에서 살다 온 우리 가족에게 박수를 보낸다.

생전 처음 듣는 독일어

스위스는 국민 중 60% 이상이 독일어를 쓴다. 전통 독일어도 있지만, 우리나라 방언처럼 스위스 도시마다 독일어가 따로 있다. 프랑스 근교 스위스 지역은 불어를 가르치고 이탈리아 근교 스위스 지역은 이탈리아어를 쓰기도 한다. 넓지 않은 나라에 여러 나라 언어로 소통하고 있다는 것이 신기했다. 독일어는 노래가사에 나오는 '이히 리베 디히'의 단어 외에는 들어본 적도 써 본 적도 없었다. 그나마 조금 할 줄 아는 영어도 아닌 독일어를 쓴다는 것이 걱정이긴 했다. 그래서 한국을 떠나기 두 달 전부터 독일어 기본 인사 정도는 알기 위해 온라인으로 독일어 수업을 신청해서 가족이 함께 청취했다. 짧은 시간에 할 수 있는 것도 아니고 외워야 할 것도 많았다. 발음도 생소하고 기억도 오래가지는 않았지만, 실제 생활에서 쓰다 보면 조금씩 익히겠지 라는 생각에 강의를 들었다. 간절함과 불편함을 실전에서 느끼지 못하니 강의를 듣기만 하고 완전 내 것으로 만드는 노력은 잘 안 되었다. 꾸준히 들으면 귀가 좀 열리겠지라는 마음으로 듣고 따라 했다.

　막상 스위스에 와보니 보험료, 아이들 학교 입학, 거주권 신청 등 해야 할 행정 처리를 하는데 있어 독일어를 쓰지 않아도 되었다. 모두는 아니지만, 워낙 다양한 사람들이 모여 사는 나라여서 그런지 관공서에는 영어를 사용할 줄 아는 사람들이 생각보다 많았다. 물론 독일어를 못 하니 불편함은 있었지만 큰 문제들은 잘 처리해 나갔고 하나씩 익혀가면서 배웠다. 아이들이 학교에서 배워오는 독일어 낱말을 같이 외우고 발음하며 배우니까 강의 듣는 것보다 훨씬 암기하기가 쉬웠다. 독일어를 못 해 제일 난감했던 문제는 아이들이 스위스 공립학교를 다니니 학교에서 내주는 숙제나 알림장 내용은 모두 독일어로 기재해 왔다. 숙제를 봐주는데 언어의 장벽이 크게 느껴졌다. 처음에는 숙제를 알림장에 적어 와서 번역기로 뜻을 알아낸 후 숙제를 했는데 번역기의 번역이 완벽하지 않아 뜻을 잘못 이해하여 엉뚱한 숙제를 한 적도 있었다. 시행착오를 겪으면서 익혀 나가는 수밖에 없었다. 다행히 몇 개월이 지나니 큰아이는 숙제를 제대로 듣고 와서는 알아서 숙제해 가는 수준이 되었다. 독일어 발음은 글자 그대로 발음 나는 대로 하므로 영어보다는 글을 보고 읽는 건 그나마 쉽지만, 발음 자체가 생소하고 혀가 잘 굴러가지 않아 따라 하기가 어려웠다.

　이웃 사람들과 인사말 정도는 해야 하기에 쉬운 단어부터 암기하고 실제 인사도 나누면서 뱉어내려 노력했다. 상대가 알아듣던 못 알아듣던지 상관없이 어색했지만 자주 내뱉었다. 역시 사람은 생계 수단과 직결된 문제이면서 안 하면 안 되는 상황에 닥쳐야 절실함을 느끼고 빠른 속도로 하게 되는 것 같다. 특별히 불편함이 없으니 아이들 숙제 봐 줄 때 같이 하는 공부 수준 정도였다. 스위스 친구도 사귀게 되었는데 그 친구와도 영어로 의사소통할 수 있으니 아쉬울 것이 없었다. 영어가 스위스에서도 외국어이고 우리나라에서도 외국어라 그런지 유창하지 않아도 감정 전달과 소통하는데 문제 될 것이 없었다. 평생 말해보지도 못했을 독일어를 알게 된 계기가 되어 즐거움도 있었다. 스트레스 받으며 하고 싶은 생각이 없었기에 자연스럽게 천천히 익히면서 지냈다.

12살인 딸은 영어를 한국에서 접하고 와서 그런지 독일어가 영어보다 더 쉽게 느껴진다고 하면서 생각보다 빨리 익혔다. 9살인 아들은 영어 알파벳도 모르고 와서 독일어 문자부터 익히면서 하나씩 알아 가는데 있어, 재미는 있어 했는데 학교에서 잦은 테스트로 힘겨워했다. 선생님을 잘 만나야 하는데 엄청 엄격하고 주입식 교육 방식으로 보수 성향이 강한 분이라 학교 가기 싫다며 울적이기도 했다. 시험 못 봐도 되니까 시험 때문에 스트레스 받지 말고 편한 마음으로 외국어를 알아가는 것으로 생각하라고 자주 이야기해 주었다. 처음부터 잘하는 사람은 없으니 반복적으로 하다 보면 자연스럽게 알게 된다고 다독이며 학교에서 친구들과 즐겁게 보내고 오라고 격려해주었다. 시간이 지나니 친구들과 손짓발짓하면서 소통하고 독일어를 조금씩 익히고 암기하는 시간도 단축되었다. 확실히 아이들은 언어 습득력이 어른보다 빠르다. 기억력도 좋고 친구들과 어울리며 생활 속에서 배우게 되므로 더 오래 기억에 남는 모양이다. 친구들과 놀면서 배우는 감탄사나 게임할 때 나오는 단어들은 금방 배우고 잊어버리지도 않는다. 언어는 그 언어를 사용하는 많은 사람 틈에서 실생활 속에서 배워야 장기 기억에 남고 흥미롭게 배울 수 있다는 것을 다시 실감 나게 해주었다.

스위스에 거주하면서 주변국 여행 시에도 기본적인 영어로 소통하면서 다닐 수 있었다. 가끔은 집 주인이 영어를 사용할 줄 몰라 번역기를 동원해서 일 처리를 해야 하는 우스꽝스러운 일도 벌어지기도 했다. 영어가 만국의 공통어라 영어권 나라 사람들이 부럽기도 했다. 독일어를 사용하는 나라들도 많으니 언어를 더 알아두면 여러 가지로 편리하고 손해 보는 일이 없을 것이다. 언어를 배울 목적으로 스위스에 온 것은 아니니 부담감을 떨쳐버리고 주어진 시간을 어떻게 보낼지에 집중했다. 독일어가 이렇게 구성되어 있고 발음이 이런 식으로 되는지 알게 된 것도 스위스에 오지 않았다면 알지 못했을 것이다. 처음에는 듣는 것조차 거부감이 있었는데 시간이 지나니까 자주 듣게 되는 언어라 어색하지 않게 느껴졌고 아이들과 함께 코믹한 발음 흉내로 웃는 일도 생겼다. 무엇이든지 시간이 친숙하게 만들어 주고 익숙하게 해준다. 해보지 않은 길이라 처음에는 두렵고 후회가 되는 시점도 있지만 일을 벌이고 나면 스스로가 대견하고 흐뭇한 시간이 찾아온다. 이제는 정겹게까지 느껴지는 독일어가 친근하고 반갑다.

지리적으로 주변국 여행하기 좋은 나라

앞에서도 말한 바와 같이 스위스를 택한 이유 중 하나가 주변국을 여행하기가 수월한 지리적 위치로 인해 마음이 끌렸다. 기차나 버스를 타고 몇 시간 가면 다른 나라를 갈 수 있다는 것이 호기심을 유발했다. 마음먹고 계획만 세운다면 자유롭게 여행을 할 수 있다는 것이다. 유레일 패스를 구매하여 잘 활용하면 유럽 28개국을 다닐 수 있어 교통비를 절약할 수도 있다. 스위스가 프랑스, 이탈리아, 오스트리아. 독일 등에 둘러싸여 있는 내륙국가라 타 유럽 나라를 여행하기에는 지리적으로 최고의 위치이다. 면적은 우리나라의 1/5이고 물가는 비싸 여행자들도 많은 여행 시간을 할애하지는 않는다. 유럽의 나라와 나라 사이를 지나갈 때 터널 지나가듯이 들리는 곳이 스위스이다. 요즘 매스컴에서 스위스의 아름다운 자연을 배경으로 많이 홍보하다 보니 한국 관광객이 급증하고 있다. 스위스 관광청에서도 홍보를 많이 해서 그런지 유명 관광지에 가보면 한국인을 쉽게 만날 수 있어 스위스와 한국이 가깝게 있는 것처럼 느껴졌다.

　나라와 나라 사이가 얼마나 가까이 있는지 알 수 있는 사례가 있다. 이탈리아 여행 후 버스를 타고 크로아티아로 넘어가는 데 슬로베니아를 지나가게 되었다. 국경을 넘어가는데 버스 안에서 여권 검사를 한 후 바로 통과시키는 것이 신기했다. 긴 시간이 걸리지도 않았고 바로 다른 나라로 넘어가는 것이 옆집에 가는 느낌이었다. 크로아티아에 도착하여 자동차로 자유 여행 하면서 스플리트 도시에서 두브로브니크로 가는데도 보스니아 나라를 잠시 지나서 가야 했다. 그때는 여권검사도 없이 요금소를 지나쳐서 그냥 지나갔다. 잠시 지나가는 길 중에 또 다른 나라를 통과한 것이다. 재미있는 상황이었다. 이런 식으로 유럽 각 나라가 근접해 있는 곳은 여행하는데 아주 수월하고 접근성이 편리해 오가는 사람들이 많을 수밖에 없다.

　주변 국가끼리 왕래가 수월하다는 것을 보여주는 사례가 또 있다. 스위스의 현지인들은 물가가 워낙 비싸기 때문에 독일, 프랑스로 마트 투어를 간다는 것이다. 자동차로 멀지 않은 곳에 다른 나라 대형 마트가 있으니 그곳에 가서 물건을 구매해서 오는 것이다. 그래서 유럽 사람들은 여행하는 것이 큰맘 먹고 가는 것이 아니라 휴가만 생기면 기차 타고도 쉽게 떠날 수 있는 문화가 형성되어 있다. 우리나라의 대부분 직장인은 일 년 중 눈치 덜 보고 길게 휴가를 낼 수 있는 하계 휴가계획을 즐거움으로 생각한다. 우리나라와 달리 여행을 자주 떠날 수 있는 환경에 사는 유럽 사람들이 마냥 부럽기도 했다. 스위스에 있는 동안 우리 가족도 이런 환경을 백배 누리려고 계획했고 다양한 나라 문화를 접할 좋은 기회라 생각했다. 아이들 학교 방학할 때마다 주변국에 있는 나라를 여행하기로 마음먹은 것이다. 한국에서 다시 유럽여행 오려면 비행기를 장시간 타야 하기 때문에 스위스에 사는 한 몇 시간이면 갈 수 있다는 장점을 최대한 누린 것이다.

여행은 나에게 어떤 의미를 줄까? 를 생각해 보았다. 단순하게 보고, 사진 찍고, 먹는 것으로 충족되는 것이 여행은 아니다. 그 안에서 새로운 사실을 하나쯤은 얻거나 깨달음이 있어야 진짜 여행이다. 물론 몸과 마음이 지쳐 아무 생각 없이 쉬는 것도 여행의 목적이 될 수도 있지만, 쉬면서도 얻는 것은 생기게 된다. 이를 통해 성장한다는 것이 중요하다.

유럽 여행은 대부분 중세 시대 때 만들어진 성벽, 성당, 교회 등의 건축양식을 보고 감탄하고 유명한 미술작품과 조각상 등을 흔하게 접할 수 있다. 책에서만 봤던 작품들을 실물로 본다는 것이 새롭기도 했다. 아이들과 다니면서 아이들의 습관이나 선호하는 것들에 대해 더 자세하게 알게 되었다. 한국에서는 바쁜 생활 속에서 자녀들에게 다그치고 서두르기를 바라고 재촉하기만 해서 오해도 많이 있었다. 평생을 함께 지내도 가족에 대해 몰랐을 수 있었던 것을 여행을 통해 알게 되니 얼마나 유익한 시간이었는지 모른다.

크로아티아에서 이탈리아로 넘어올 때는 숙소 시설이 갖춰진 페리를 교통수단으로 선택했다. 어마어마한 페리의 모양, 구조도 보면서 신기해했고 지중해라는 바다를 지도로만 봤었는데 직접 배로 건너보기도 하면서 아이들은 알지 못했던 지식도 쌓이게 되었다. 밤 8시에 탑승하여 잠을 깊이 잔 후 일출 시각에 일어나 배 위에서 강렬하게 뜨는 해를 반길 때의 기분은 잊을 수 없다. 지중해 위에서 하루를 밝혀주는 해님과 인사를 나눈 것이다. 유럽 여행을 하면서 타 볼 수 있는 대중교통 수단도 되도록 많이 이용해 보는 것도 좋은 경험이라 생각했다. 지식을 책이나 학교에서 알려줘서 아는 것보다 경험을 통해 몸소 체험으로 알게 된 지식이 기억으로 오랜 시간 남을 것으로 생각한다. 학교에서 배우는 것은 삶의 일부분에 속한다. 실생활에 필요한 공부는 경험을 통해 살면서 배우는 공부라 생각한다. 책을 통해 배우는 학교 공부보다 여행 속에서 배우는 공부가 장기기억으로 넘어가고 생활에도 유익하게 활용될 수 있다. 그러면서 부모도 함께 인생 공부하게 되고 관심을 가지며 익히게 된다. 이것이 여행의 참맛이다. 여행으로 인해 알게 되는 재미를 메모해가며 추억으로 남기면서 다녔다.

스위스에서 사는 유학생들이나 현지 대학생들과 대화해보면 적어도 3개국 이상은 여행을 한 경험이 있다. 아무래도 타국이 가깝게 있으니 저가 항공편도 많고 잘 알아보고 활용한다면 저 금액으로도 여행을 다녀올 수도 있다는 것이다. 특히나 겨울이 되면 주변국에서 스위스에 많은 인파가 스키를 타기 위해 넘어오는 사람들을 볼 수 있다. 스위스는 경제가 원활히 돌아가는 데 있어 여행객의 지출이 한몫할 것 같다는 생각이 들 정도이다. 옛날에는 지리적으로 내륙의 중심에 있어 주변국에서 호시탐탐 넘보는 나라가 많아 전쟁 피해를 많이 보았다. 현재는 멋진 경관을 이루면서 이를 유지하기 위해 투자하며 높은 산과 호수를 가진 스위스의 위치가 좋아 여행자들이 찾고 싶은 나라가 되었다. 스위스는 여러 가지 면에서 봤을 때 타 유럽국을 여행하기에도 적절한 위치에 있어 후회 없는 선택이라 생각되었다.

스위스는 여유 그 자체

　장시간 동안 비행기를 타고 스위스 취리히 공항에 저녁 8시쯤 도착을 해서 짐도 많고 피곤과 긴장이 몰려와 구경할 여유 없이 바로 숙소로 향했다. 6개나 되는 여행용 가방과 초등학생 2명을 데리고 또 기차 타고 최종 목적지인 루체른에 가는 것이 무리라 생각되어 스위스에 도착한 날은 취리히에서 하룻밤을 묵기로 했다. 취리히 공항에서 호텔 버스를 기다렸다가 탑승을 해서 공항에서 멀지 않은 거리의 호텔에 도착했다. 어둑어둑해지자 고국을 떠나 타국에 와 있다는 것이 실감이 나고 집을 떠나 낯선 땅에서 생활해야 한다고 생각하니 책임감이 몰려오면서 부담감이 확 느껴졌다. 호텔 시설은 금액 대비 인터넷에서 보았을 때보다 좋지 않아 실망스러웠지만 비어있는 방이 없다고 해서 따뜻한 물로 샤워를 하고 피로를 푼 후 잠을 청했다. 누워있으니 앞날이 그려지고 이런저런 생각에 잠이 쉽게 오지 않았다. 잠이 든 아이들의 모습을 보며 힘든 내색 없이 잘 따라와 준 것에 고마운 마음이 들었다. 남편에게 가족이 무사히 스위스에 도착한 것에 감사하다는 이야기를 나누면서 잠이 들었다.

　다음 날 아침 취리히에서 우리의 생활 터전이 될 루체른으로 기차를 타고 가는 내내 창문 밖에 보이는 풍경을 보고 감탄사가 저절로 나왔다. 햇살에 비치는 호수, 편안하게 풀을 뜯어 먹고 있는 소 떼들, 푸릇푸릇하고 길게 뻗은 나무와 산이 한 폭의 그림 같았다. 신혼여행 때도 보았던 풍경이었지만 그때와는 느낌이 확실히 달랐다. 자연에 대한 아름다움이 몇 배는 더 크게 느껴졌다. 나이를 먹을수록 갇혀 있는 폐쇄 공간보다는 열려 있는 산과 바다 등을 찾아다니며 자연 친화적 여행을 왜 더 선호하는지도 알 것 같았다. 자연 자체만으로 복받은 나라가 스위스라는 느낌이 확 밀려왔다. 바다를 멀리하고 있으면서도 바다 느낌이 나는 넓은 호수를 몇 개나 가지고 있어 더욱더 아름답게 느껴졌다. 호숫가에 앉아 한가로이 놀고 있는 오리 떼들을 보고 책을 읽기만 해도 행복할 것 같은 생각이 들었다. 스위스도 도시마다 다른 특색이 있겠지만 루체른은 높은 빌딩이 많지 않아 답답함이 덜하고 단층으로 되어 있는 집 구조와 넓은 평야가 마음을 탁 트이게 해 주었다. 타 도시보다 자동차의 경적도 들리지 않고 고요한 도시였다. 도시 분위기가 전반적으로 복잡하지도 않아 편안함이 전해져 매력적인 도시로 다가왔다.

　스위스의 유명 관광지에 가면 딸과 엄마와 둘만의 여행, 가족여행, 친구와의 여행, 신혼여행 등 다양한 한국 관광객을 만날 수 있었다. 특히 딸과 엄마와의 여행팀을 많이 볼 수 있었다. 딸이 결혼 전 엄마와 여행을 많이 오는 추세인 듯하다. 딸이 엄마를 많이 챙긴다는 것을 생각하면 부럽기도 했고 결혼 전 엄마랑 둘이서 해외여행 오지 못한 것이 후회되고 아쉬웠다. 요즘은 온라인으로 여행객을 위한 숙박, 음식 등 정보를 쉽게 얻을 수 있고, 여행하기에도 안전한 나라이기 때문에 여자들끼리도 많이 떠난다.

도시마다 내가 느끼는 이미지와 느낌도 많이 달라 여행하는 재미도 쏠쏠하다. 거주지로 살았던 루체른은 고요하면서 로이스강을 끼고 있어 산책 하거나 조깅을 하는 사람이 많다. 가까이에는 명산들도 많아 산을 좋아하는 분들이면 더욱더 안성맞춤이다. 호수가 있는 도시는 모두 운치가 있고 그 자체만으로도 한가로움을 전해준다.

집에서 창문 밖을 내다보면 아침 7시 전부터 어린이집에 아이를 맡기고 각자의 직장으로 출근하는 사람들도 보였다. 우리나라와 다를 바 없이 비슷한 패턴으로 살아가는 것을 볼 수 있었다. 문화적인 차이는 성인이 되면 독립된 개체로 살아가므로 부모와 자식 간에도 크게 신경 쓰지 않고 각자가 자신의 인생에 책임지고 살아간다는 것이다. 고등학교 졸업 후 부모와 떨어져 독립하여 살기 때문에 서로가 간섭하지 않고 각 개체로서 지낸다. 부모는 부모, 나는 나로 살아간다. 정이 없어 보일 수도 있지만, 성인으로 인정해주고 복잡 미묘한 문제가 없어 좋은 점도 있어 보였다. 가만히 보니 주말에는 호숫가나 마을 주변으로 조깅하거나 자전거를 타는 사람도 많았다. 한국에 있을 때 주말이면 주중에 쌓였던 피로를 풀기 위해 늦잠을 자거나 휴식을 취하는 것이 즐거움이었는데 스위스 사람들은 조깅하고 개를 데리고 산책하는 것이 즐거움으로 보였다.

직장이나 학교에서 스트레스를 받지 않고 살지는 않겠지만, 사회 구조상 우리나라보다는 덜 눈치 보고 덜 바쁘게 지내는 분위기가 조성된 듯했다. 일하고 남는 시간은 온전히 가족이나 자신만을 위해 쓰면 되는 일이기에 주말까지 피곤이 쌓이지 않는 모양이었다. 다양한 면에서 문화 자체가 그렇다 보니 여유롭지 않을까 생각한다. 가족 간에 문화상의 차이일 뿐 사랑이 없거나 관심이 없는 것은 아니므로 문제 되지 않는다.

우리나라 문화도 서서히 변하고는 있지만 아직도 주말마저 집안 행사 등 챙기면서 쫓아다닐 것들이 많아 자신만의 시간을 가지기 힘든 것이 현실이다. 공동 육아보다는 엄마들의 혼자만 하는 육아도 많이 이루어져 있어 변화가 필요한 부분이기도 하다. 서로 win-win 할 수 있는 좋은 방향으로 변화의 물결이 오기를 바라고 있다. 우리나라도 바쁘게만 살지 않고 자신을 돌볼 수 있는 여유를 느끼면서 살 수 있는 사회적 분위기가 되었으면 한다. 사회가 변하는 것은 시간이 오래 걸리므로 스스로부터 조금씩 여유를 가지려고 노력해보자. 한국에 와서도 스위스에서 여유롭게 살았던 것처럼 지내려고 애쓰고 있다. 마음을 바꾸니 내 삶이 더 소중하고 귀하게 여겨진다.

생활터전 정보는 미흡

떠나기 전부터 유럽에서 살기 위한 정보를 수집하는데 있어 좀 막막했다. 정보를 알아보니 2005년에 스위스에 갔을 때보다 스위스에 다녀간 여행객들이 이미 인터넷상에 올려놓은 여행 정보들은 넘쳐났다. 추천 여행지는 크게 다르지 않았고 주로 여행 관련 책에서 봤던 곳의 사진을 찍어 많이 올려놓았다. 넘쳐나는 여행 정보를 우리 가족 여행의 입맛에 맞게 짜는 것이 중요한 일이었다. 여행 정보는 넘쳐나는 데 반해 실제 살아가는 데 필요한 내용들은 찾기가 힘들었다. 스위스에서의 3개월 이상 장기 거주자는 많지 않다는 것이다.

아이들 학교 입학 관련 문제, 거주권 발급 문제 등에 필요한 서류, 절차에 대해서는 스위스대사관에 문의를 해 보았지만 뾰족한 답을 주는 사람도 없었다. 조급해하지 말고 스위스에 가서 해결하기로 마음먹었다. 한국에서는 아이들이 다니던 초등학교를 1년간 유예신청을 해 놓고 다시 한국에 오면 시험을 통해 학년이 결정되는 시스템으로 되어 있다는 사실도 알게 되었다. 스위스에서는 주로 독일어를 사용하는데 독일어를 모르기 때문에 학교 다닐 때 마음고 생 하는 것은 아닌지 신경이 쓰이기도 했다. 독일어를 모르는 아이들을 위한 special class가 있다고는 하지만 적응하는데 힘들어하지 않을지 살짝 걱정되었 다. 이와 관련 사례나 이야기는 찾아볼 수 없었다. 미리 걱정한다고 잘 지내는 것도 아니라는 생각에 마음을 편하게 먹었다. 혼자가 아닌 가족이 함께 있어 우리끼리라도 한국말 하면서 살아도 된다는 생각을 했다. 언어를 배우기 위함 보다는 견문을 넓히는 목적에 치중을 하고 스위스에서 살아보는 것이라 학교 교육에 대해서는 큰 고민거리로 생각하지 않기로 했다. 목적이 무엇인지 확고 한 신념을 가졌다.

국제결혼도 보편화되고 다른 나라로 이민 가서 많이들 사는데 스위스에 이 민 간 사람들은 흔하지 않은 모양이었다. 스위스는 중립국으로서 타국에서 온 사람들의 이민도 잘 수용해주지 않아 이민 가기 힘든 나라 중의 하나이긴 하 다. 그래서 그런지 스위스 거주와 관련 정보가 많이 없었다. 아이들 입학 관련 자료 중 챙길 수 있는 기본 서류들만 꼼꼼히 챙기고 준비하였다. 홀로 외국 생 활을 위한 준비 시에는 내 몸 하나만 챙기면 되었다. 이번에는 아이들 학교 문 제부터 시작해서 여러 행정적인 요인이 많아 챙길 것들이 많았다. 준비 자료를 정확하게 알려주는 곳이 없어 몸소 부딪히면서 익힐 수밖에 없어 해결되지 않 은 것은 현지에 가서 해결하기로 했다.

스위스에 도착하자마자 이민국을 방문하여 신청한 것이 거주권 신청이었 다. 우리처럼 거주권 신청을 위해 각양각색의 사람들이 대기표를 뽑고 기다리 고 있었다. 생각했던 대로 삶의 터전을 잡고 정착하면서 행정 처리하는 데 시 간이 많이 소요 되어 거주권을 받는데도 한 달이 넘게 걸렸다. 스위스는 우편 을 좋아하는지 모든 처리 과정을 우편물로 보내주는 시스템이었다. 거주권을 신청하고 2주 후에 나온다더니 2주가 지나도 나오지 않아 다시 이민국에 찾아가야 했다. 빠르게만 살아온 패턴에서 느림으로 전환되는 삶의 패턴에 익숙해져야 할 때가 온 것이지만 일의 진행이 궁금하여 마냥 기다릴 수가 없었다. 거주권을 발급받아야 아이들도 공립학교에 입학시킬 수 있었다. 이민국에 찾아가서 격양된 목소리로 해야 업무 진행이 이루어진다는 우스갯소리도 스위스에 거주하고 있는 한국인에게서 들었다. 번거롭지만 다시 한번 이민국에 가서 약속한 대로 일이 진행되지 않음을 언급하고 언제쯤 나오는지 확인하고 와야 했다. 타국에 살면 외국인이라 참아내야 하는 서러운 것들을 많이 경험한다. 누구나 겪을 수 있는 과정으로 여겨지며 외국인들이 우리나라 와서 살 때도 같은 감정이 들것이라는 생각이 들었다.

결국은 거주권 신청 후 한 달이 지나서야 승인받고 아이들도 학교를 배정받을 수 있었다. 9월 한 달은 적응 기간이라 생각하고 하나씩 알아가는 워밍업 단계였고, 10월 초 2주는 학교가 방학 기간이라 10월 중순부터 학교에 다니게 된 것이다.

가장 큰 일인 거주권을 발급받고, 학교 입학 문제가 해결되니 이제는 모든 스위스식 시스템에 맞춰서 지내는 것만 잘하면 되는 일이었다. 숙소와 먹거리는 우리가 정해서 해야 할 일이니 우리 부부의 몫이다. 마트의 위치와 해 먹을 수 있는 먹거리 종류 등을 익히고 우리 입맛에 맞게 퓨전식으로 맛있게 만들기 위해 여러 가지 요리법을 찾았다. 그러던 중 집 근처 수영장에서 스위스인과 결혼하여 사는 한국 분을 만나 현지 문화에 대해 문의도 하고 정보도 얻을 수 있었다. 몇 년을 살아온 현지인이 있으니 깨알 정보를 얻을 수 있었다. 서로의 집도 왕래하면서 스위스 음식 문화도 맛보게 해주고 관광객에게는 잘 알려지지 않은 명소를 들을 수 있었다.

우리 가족은 이렇게 알아가며 생활 터전에 자리를 잡기 시작했다. 생활에 익숙해지니 방학 때마다 떠날 여행 계획을 세웠고 아이들을 잘 먹이는 것에 집중하게 되었다. 처음에만 잘 몰라서 그렇지 인생은 어떻게든 굴러가게 되어 있다. 쉽게 할 수 있는 일을 어렵게 하는 경우도 있지만, 그 과정에서도 몰랐던 사실을 알게 되므로 헛된 것은 없다. 인생의 묘미이기도 하다. 어디에 살든지 두려움보다는 알아감에 재미를 느끼는 방향으로 생각하면 힘듦이 조금은 덜어진다. 언어는 다르지만 살아가는 패턴은 크게 다르지 않기 때문에 긍정의 감정과 정서로 살아가면 생각지도 않았는데 도움을 주는 사람을 만나기도 한다. 무엇이든지 시작이 어려운 법이지 지나고 나면 쉽게 느껴지므로 현재를 즐기는 것이 가장 중요하다. 이렇게 우리 가족은 알지 못했던 사실들을 하나씩 경험하고 견디고 부딪히며 스위스 생활에 젖어 들었다.

느림의 문화에 젖어든다

스위스는 우체국이 절대로 없어지지 않을 것으로 예상되는 것이 대부분의 행정적인 절차가 우편으로 주고받는 형식으로 되어 있기 때문이다. 등기나 택배가 수취인에게 직접 전달되지 않으면 우편함에 메모를 붙여 놓고 우편물을 다시 우체국으로 가지고 간다. 처음에는 이 시스템을 알지 못해 몇 번이나 시행착오를 거치면서 버스를 타고 시내에 나가 우체국으로 물건을 찾으러 가야만 했다. 아파트 관리사무소가 있는데도 물건을 맡겨주지 않고 무조건 수취인이 받아야만 전해졌다.

건강보험과 관련 정보, 이민국이나 교육청에서 보내는 문서 등 관공서에서 보내는 것은 모두 편지형식으로 동봉하여 보낸다. 놓치는 소식은 없는지 늘 우편함을 들여다보았다. 아직도 옛날 방식대로 편지를 선호하고 있었다. 아무래도 우편으로 하다 보니 전자메일이나 무선 통신매체보다는 일 처리가 늦을 수밖에 없었다.

나를 돌아볼 시간도 없이 바쁘게만 살아왔기에 이제는 좀 천천히 걸어가는 시간을 가져보고는 싶었지만 빠름이 습관이 되어 한순간 바뀌기는 어려움이 따랐다. 우리나라의 빠른 문화에 젖어 살아 느림의 문화가 처음에는 답답함을 안겨 주었다. 호주에서 홀로 살 때도 느꼈던 것을 스위스에 와서도 그대로 느껴졌다. 짧은 시간에 성장한 나라답게 우리나라가 참 빠른 문화로 정착되어 있다는 것을 새삼 알았다. 좋지 않은 면에서 예를 들어보면 식당에서도 5분 안에 주문한 음식이 나오지 않으면 느리다고 하고 관공서에서도 문의 사항에 대한 답변이 늦으면 민원을 제기하기도 한다. 이런 면에서는 조금 느림에 대한 문화를 익힐 필요성이 있다고 생각한다. 각 나라의 문화는 오랜 시간 젖어 있어서 쉽게 변하지는 않겠지만 안타까운 일이 생길 때도 있으니 상황과 때에 맞게 적절하게 조절하는 법을 익혔으면 한다.

타국에 와서 산다는 것이 결코 쉬운 일이 아니다. 언어가 유창해서 속 깊은 감정이나 유머까지 전달할 수 있는 수준도 아니고 모든 행정절차를 다 알고 있는 것도 아니니 생소하고 어렵게 느껴진다. 아는 만큼 일의 진행이 수월해지는 법이긴 하지만 스위스에 지인이 없었으니 적응하며 해결하고 느림을 받아들여야만 했다. 하나하나 알아보고 찾아가서 이야기해 보고 번호표를 뽑고 오랜 시간 대기할 수밖에 없었다. 속은 터지지만, 이 정도는 감수해야 외국에 살아갈 수 있다. 로마에 가면 로마법을 따라야 하듯이 말이다. 이민국에는 직원들이 일하는 창구가 여러 개가 있다. 대기하는 사람이 많아도 결코 서두르는 모습을 볼 수가 없었다. 그것이 이 나라의 문화인 것이기에 우리가 맞춰서 살아갈 수밖에 없는 것이다. 우리 부부는 마음을 비우고 편하게 생각하기로 했지만 말처럼 잘 되지 않아 씩씩거리면서 기다려야 했다. 2달 정도 넘게 지내다 보니 천천히 하는 문화가 조금씩 익숙해져 갔다.

스위스에서는 일 년 단위로 개인이 사 보험에 가입해서 돈을 지급한다. 아파서 진료를 보면 병원비를 낸 후 사 보험 회사에 청구하고 돌려받는 형식이다. 우리는 한국에서 여행자 보험에 가입하고 와서 스위스에서 사 보험에 가입할 필요가 없었다. 건강보험과 관련하여 문의하는 우편물을 받을 때마다 답변을 보내주었는데도 이해를 잘하지 못 한 탓인지 여러 번 우편물이 오갔다. 그러면서 우리 부부가 한 말이 "일 처리가 끝나기도 전에 다시 한국으로 돌아갈 것 같다"라는 말을 나누며 웃은 적이 있다.

여행하는 동안 식당에서 음식을 주문하거나 문의할 때 느리다는 느낌은 못 받았는데 너무하다는 생각이 들 정도의 사건이 있었다. 이탈리아 여행을 마치고 이탈리아에서 스위스로 오기 위해 기차탑승권을 구매하는데 우리가 가지고 있는 할인 티켓이 있어 직접 직원에게 문의하고 기차탑승권을 구매하려고 대기표를 뽑았다. 문제는 타려고 했던 기차 시간은 다가오는데 대기자가 우리 앞으로 40명쯤 있었다. 일하는 창구는 10개 정도 보였는데 4개의 창구만 오픈하여 직원이 고객을 맞이했다. 더 황당한 건 일하는 직원도 대기자가 많은 것을 보고 알고 있을 텐데 일하다 말고 갑자기 휴식 팻말을 놓고 사라지고 10분 정도 쉬었다가 다시 나타났다. 각자의 사정이 있을 것이라 예상하며 어쩔 수 없이 1시간을 넘게 애간장 태우면서 기다렸다. 고객 중에 그 누구 한 명이라도 항의하는 사람이 없었다. 결국은 티켓을 구매하기는 했지만 이런 시스템이 이해되지 않았다. 기차탑승권 구매하는데 1시간이나 넘게 걸리다니 고객에 대해 대우가 너무하다는 생각뿐이었다. 느림도 좋지만, 대기자가 많은 시간에는 융통성을 발휘하여 창구를 더 많이 오픈했으면 하는 생각이 들었다. 서비스업인데 고객 위주가 아니라 직원 위주로 업무가 진행되는 것이다. 직원들이 없는 것도 아니고 창구가 없는 것도 아닌데 오가는 여행객들이 많은 그렇게 큰 기차역에서 직원들의 행동이 정말 이해되지 않았다. 대기자들도 기다리다 지쳤는지 중간중간 해당 대기 번호에 나타나지 않았다. 티켓 판매 기계 앞에 시간이 없고 잘 모르는 외국인이 서성거리면 몇몇 낯선 사람들이 티켓 구매 방법을 알려준다고 다가와서 돈을 요구하는 사람들이 왜 있는지 이해가 되었다. 고객 대기자들이 많으면 비어있는 창구에 직원들이 나와서 바로 대응을 해주는 스위스 기차역 모습과는 사뭇 다른 모습이었다.

기차역 직원들의 개인 휴식을 중요하게 생각하니 직업에 대한 만족도는 높을 것 같았다. 고객으로서 몸과 마음고생을 많이 했던 이탈리아 기차역이 오랫동안 기억에 남았다. 누구의 처지에서 생각하느냐에 따라 느껴지는 생각과 감정이 다르다. 이런 시스템이라면 우리처럼 원하는 시간대의 기차를 타지 못하고 다음 기차를 타는 사례가 왕왕 있을 것으로 예상되었다. 이탈리아의 기차탑승권은 온라인이나 미리미리 오프라인으로 예약해 놓아야겠다라는 사실을 알게 된 사건이었다.

나를 포함한 대부분의 우리나라 사람들은 짧은 기간에 많은 것을 해내야 하고 시간에 쫓기며 살아간다. 부지런함과 성실함으로 짧은 기간에 경제 발전을 해왔다. 반대로 우리나라에 필요한 것은 고객 입장에서만 생각하는 분위기에서 직원의 입장에서 배려해주는 문화가 필요하다. 요즘은 '감정 노동자'라는 말이 있을 정도로 고객만 우선시하다 보니 우리도 한 번쯤은 함께 생각해 볼 문제이기도 하다.

느리든 빠르든 그 나라에 적응하기 위해서는 그 나라 문화에 빠져들 수밖에 없다. 불평으로 지내면 본인만 손해이고 손실이 크다. 느리게 살아본 것도 좋은 경험이었고 배울 점도 많이 있었다. 한국에서도 주어진 여건 속에서 느리게 살아간다는 것이 어렵겠지만 느림을 수용하면서 생활하며 느긋하게 사는 법을 잊지 말아야겠다.

남편과 함께하는 시간 속 적응

우리 부부는 평소에는 각자의 직장생활로 대화도 많이 나누지 않았고 부부 간에 대화도 잘 통하지 않았다. 아이들도 어렸기 때문에 주말에는 피곤한 상태로 쉬고 싶을 때가 많았다. 매일 똑같은 일상에 집안일은 여자 몫으로만 여기는 남편과 워킹 맘으로 사는 것이 전쟁터 같았다. 왜 여자만 종종거리면서 집안일을 전적으로 해야 하는지도 이해되지 않았고, 때로는 화가 나서 생각조차 하고 싶지도 않은 심정이었다. 집안일 분배를 하지 않는 남편이 얄밉고 싫었다. 아무리 의견을 이야기해도 수용되지 않았고 남편은 가까이 사시는 시부모님께 의존하려 했다.

정신없이 지낸 세월을 돌이켜보니 그 당시에는 그렇게 힘들어서 시간이 더디 가는 것 같았는데 지나고 보니 금방이었다. 예전보다 남편들의 사고가 변하고 있다고는 한다. 하지만 아직도 중년 남성들은 집안일은 공동의 일이라 생각하지 않고 아내의 일이라고만 생각하고 도와준다는 개념이 강하게 자리 잡고 있다. 항상 지나고 나면 아무것도 아닌 것 같지만 그 당시에는 죽을 것 같은 느낌으로 다가오기도 한다. 10년을 넘게 그렇게 지내고 난 후 타지방으로 발령을 받아 1년은 주말부부로 지내니 오히려 덜 부딪치고 여유가 생겨 좋았다. 3대가 덕을 쌓아야 할 수 있다는 주말부부가 피부로 와 닿는 말이었다. 차라리 눈으로 보지 않으니 덜 화가 나고 이해하게 되었다. 우리 부부도 잠시 떨어져 지내는 시간이 필요했던 모양이다.

그리고 난 후 스위스에서의 생활은 둘 다 시간적인 여유가 많이 생겨 붙어 있는 시간이 많아졌다. 남녀의 뇌 구조 자체가 다르기 때문에 사실 같이 있는 시간이 많으면 자주 충돌이 일어난다는데 행복한 시간을 괴로운 시간으로 보내면 안 될 것 같은 생각도 들었다. 연애를 오래 하고 결혼했는데도 성향이 달라 맞추며 지내야 할 부분이 많다. 서로에게 고통이 따르는 건 아닌지 걱정이 되기도 했다.

타국에 가니 서로를 이해하려 했고 우리 4명 식구 외에는 아는 사람이 없었기 때문에 끈끈해지는 면이 많았다. 아이들도 매일 3끼를 챙겨서 먹였고 남편도 함께하는 시간이 많았다. 처음에는 식사 챙겨주는 것도 바쁘고 나만의 시간이 없어 집안일만 하러 여기까지 왔나 싶은 생각도 들었다. 황금 같은 시간을 각자의 안정적인 스케줄대로 자리 잡고 나서는 나만의 여유가 생겼다. 아무리 사이좋은 부부라도 계속 붙어 있으면 안 좋아진다던데 그런 면이 없지는 않았다. 신랑도 나에게 맞춰주려 하고 나 또한 신랑을 맞춰주려고 노력하면서 지냈다. 시간적인 여유가 있으니 상대에 대한 이해할 수 있는 마음의 폭도 넓어졌다.

자유여행 계획 일정을 짜는데도 의견이 맞지 않아 언성을 높이다가도 바로 화해 모드로 전환하여 일정 짜는 데 집중을 했다. 성격 차이가 하루아침에 어떻게 변하겠는가! 좋은 시간을 금처럼 생각하며 하루를 소중히 생각하면 싸울 시간도 아깝다는 생각이 들었다. 사랑한다고 매일 가까이 있다고 진정한 사랑이라고도 할 수 없고 사랑은 각자의 맡은 일에 충실히 하면서 표현되는 것이다. 부모들이 아이들을 한 지붕 아래 소유물로 생각하고 모든 것을 간섭하고 참견하려 하면 문제가 생긴다. 적당한 거리를 두고 각자의 삶 속에서 이루어내는 것을 칭찬해주고 인정해주면서 보살펴주는 것이 사랑이다. 모든 것을 다 알려고 하는 것도 피곤한 일이다. 부부 사이도 한쪽 눈을 감고 살라고 하지 않던가!

워킹 맘으로 지내면서 며칠만이라도 편한 마음으로 아침밥을 먹으면서 우아하게 차도 마시며 지내고 싶었던 것이 꿈이었는데 현실이 된 것이다. 시간적 여유는 생겼지만, 부부가 함께하는 시간을 어떻게 유익하게 보내야 할지가 문제였다. 함께 하는 생활도 적응하고 나니 오전, 오후에 조깅하고 산책하는 것, 여행 스케줄 짜는 것, 미래를 꿈꾸는 것, 아이들의 재발견 등 이야기를 나누는 시간이 소중했다. 하루 중 몇 시간은 각자의 시간도 가지면서 시간을 효율적으로 보내려 했다. 짜임새 있고 알차게 보내려 하니 하루가 금방금방 지나갔다. 가족이 함께라서 행복한 것이지 혼자 갔다면 그만큼 행복하지는 않았을 것이다. 내 성향을 내가 잘 알기 때문에 챙겨줄 가족이 있어 행복한 것이었고, 큰 문제는 남편이 알아서 처리해줘 수월하게 지낼 수 있었다.

연애부터 시작해서 부부로 인연을 맺고 살아온 세월이 약 20년이 되어 가는데도 남편의 단점으로 알고 있는 부분을 수용하기가 쉽지 않다. 변하지 않는다는 것도 아는데, 그 순간을 참고 넘어가는 것이 고통스럽기도 하다. 외국에 나와서 살아 볼 수 있는 계기를 마련해 준 남편에게 자주 고맙다는 말을 하면서도 의견 충돌이 일어나면 화가 나기도 한다. 남편을 내 평생 반려자로 생각하고 내가 변해야 한다는 것도 아는데 인내가 부족하여 또 무너지기를 반복한다. 많은 부부가 우리 부부처럼 이렇게 살아가는 것을 볼 수 있다.

먼 훗날 유럽에서 1년 동안 생활했던 우리 부부만의 공감 이야기로 추억을 떠오를 수 있을 것이다. 그 추억을 다툼과 나쁜 감정으로 덮어두지 말고 이해와 수용으로 지내려고 노력했다. 마음의 평안도 빨리 찾고 남편 외에도 인간 이해에 초점을 두고 독서를 하면서 나를 돌아보는 시간을 가졌다.

서로 다른 부분을 평생 맞추며 살아가는 것이 부부인 것 같다. 부부가 무엇인지 어떻게 살아가야 할지에 대해 생각해 볼 수 있는 시간을 가질 수 있어 의미 있는 생활이었다. 또 다른 삶의 방식으로 살아보면서 장단점을 파악하고 가족에게 어울리고 맞는 최적의 방식을 선택하는 것이 좋다. 다양하게 해 봐야 본인의 것을 찾게 되는 것이다. 타지에서 각자 적응하고자 노력했고 서로가 어려움을 극복하고 배려로 지내려 했던 마음을 오랫동안 간직하며 살아가려 한다. 자신만 생각하지 않고 상대의 처지에서 생각해보면 다시 살아가게 되어 있다. 안 좋았던 기억은 사라지고 좋은 기억의 기쁨과 행복한 시간만 떠오르는 것을 보면 잘 지내고 왔다는 생각이 든다. 가족 모두에게 고맙다.

제2부
유럽 땅! 스위스에서 적응기

미니멀 라이프도 괜찮네

한국을 떠나기 전 짐을 싸면서 버리고 정리하는 데만 일주일 넘게 걸렸다. 한국 집을 비워두는 1년이란 시간 동안 우리 집을 친척분이 쓰기로 되어 있어서 낡고 불필요한 짐은 과감히 버렸다. 버리는데 익숙하지 않아 사용도 하지 않으면서 창고에 쌓아두었던 것이 그렇게나 많은지 몰랐다. 쓸 만한 물건인데 필요 없는 것들은 필요한 사람들에게 나눠주기도 하고 중고 사이트를 통해 판매하기도 했다. 그렇게 정리를 했는데도 여전히 짐이 많았다. 물건은 소유욕으로 구매하는 것이 아니라 정말 필요한 물건인지 심사숙고한 후 구매를 해야 한다. 소소한 짐들을 상자에 넣어 방 한 칸을 가득 채우고 나니 온몸이 쑤셨다. 스위스로 떠나기 전부터 몸은 고되고 1년이라는 시간 동안 살아야 했기에 신경쓸 일이 한두 개가 아니었다.

스위스에서 1년 동안 살 집은 월세 금액이 높았고 집의 크기는 살고 있었던 한국 집의 약 1/3이므로 많은 물건을 가지고 갈 수도 없었다. 정말 필요한 생활 필수품 위주로 짐을 챙겼다. 짐을 싸다 보니 크고 작은 여행 가방 6개가 만들어 졌고 해외발송 택배로 20kg짜리 3박스는 미리 택배로 보냈다. 해외로 이사를 잠시 하여서 사는 것이라 모두 새로 사서 쓰기에도 경제적인 부담이 커서 없어 서는 안 되는 것으로만 챙겼다. 초등학생 아이 2명과 여행 가방 6개를 가지고 도착한 첫날은 지금 생각해도 긴장의 연속이었다. 아이들도 챙겨야 하고 초행 길이라 지도를 보면서 찾아가는데 짐까지 많으니 긴장을 늦출 수가 없었다. 다 행히 기차와 루체른 시내버스는 입구의 턱이 낮게 되어 있어 짐을 운반하는 데 어려움은 없었다. 여행객들의 눈높이에 맞춰 제작된 기차와 버스가 있어 노인 들도 다니기에 수월해보였다. 교통편에 있어서만큼은 시설이 편리하고 깨끗 하게 관리가 잘 되어 있어 여행할 때도 기분을 좋게 만들어 준다. 여행객들이 워낙 많이 와서 그런지 대중교통 시설이 깔끔하고 이용하기 쉽게 되어 있다.

한국을 떠나기 전 온라인 사이트를 통해 예약해 놓은 집에 도착하여 들어가 보니 생각했던 것보다 아늑하고 위치가 마음에 들었다. 아담하고 깨끗하며 무 엇보다 주변에 운동 시설이 갖추어진 환경이 마음에 들었다. 시내에서 조금 벗 어나 스위스의 전형적인 집은 아니었고 루체른에서는 보기 드문 고층 빌딩 아 파트에 살았다. 이곳에 정을 두고 잘 지내야겠다는 다짐을 하며 짐을 풀었다. 집의 규모가 좀 작다 보니 여행 가방 짐을 풀었을 뿐인데도 꽉 찬 느낌이었다. 갑자기 작은 집에서 살면 답답하지 않을까도 생각했는데 창이 넓어 그런지 답 답하게 느껴지지도 않았다. 주방용품과 기본 생활 도구들이 이미 갖추어진 아 파트였기 때문에 요리 재료만 사서 요리를 하면 되고, 마트도 가까이 있어 생 활하는 데는 큰 불편함이 없었다. 아이들이 학교 다녀오고 남은 시간에 체력을 키우기 위한 운동 도구들이 필요해서 축구공과 스쿠터 정도만 샀다. 자라나는 아이들은 밖에서 활동하는 것을 좋아하고 뛰어놀아야 성장에도 도움이 되므로 주로 꼭 사야 하는 물건들이 아이들에게만 초점이 맞춰지게 되었다. 스위스에서는 마음껏 뛰어놀고 건강한 육체를 만드는 것도 우리 가족의 미션이었기에 운동하는데 시간 투자를 많이 했다. 집 근처에 넓은 자연 잔디밭이 깔린 축구장과 실내 수영장도 있었다. 시간만 나면 잔디밭에서 축구하고 1년 회원권을 끊어 수영장에서 신랑이 아이들에게 수영을 가르쳤다. 강습료도 부담되는 금액이라 수영을 아빠로부터 꾸준히 배운 아이들은 나중에 수영 강사로부터 칭찬을 들을 정도로 수영을 잘했다.

워낙 생활에 불편함을 참지 못하고 전자제품을 선호하며 물건에 소유욕이 있는 남편은 한국에서도 수시로 물건 사들이는 것에 대해 나는 못마땅했다. 늘 물건 구매로 의견 차이가 많았는데 좋아하는 취미생활을 잔소리로 억제할 수도 없었다. 스스로가 느끼고 불필요하다고 깨달아야 구매하지 않지 아무리 이야기해도 소용없는 일이었다. 그런 남편이 스위스에서 정말 필요한 필수품 외 많은 물건 없이도 이렇게 살아갈 수 있다는 것을 알게 되었다. 물건의 욕심이 과했다는 것을 깨닫게 해주는 좋은 기회가 된 것이다. 여태까지 우리가 너무 많은 물건을 사들이며 살고 있다는 증거를 보여주는 사례이다. 마트 가서 장볼 때도 행사제품 있으면 카트에 하나 더 담게 되고 당장 필요한 것도 아니면서 충동 구매로 사 오는 물건들이 많이 있을 것이다. 물건이 많으면 필요할 때 물건을 어디에 두었는지도 모른 채 또다시 사는 경우도 생긴다. 물건은 최소단위로 정작 필요할 때 구매하는 것이 절약하는 방법이다. 필수품인데 오랜 기간 놓고 두었다가 써도 되는 물건이면 저렴하게 판매할 때 사두는 것은 좋은 선택이다. 물론 여러 가지 물건들이 다 갖춰진다면 편리하기는 하겠지만, 꼭 굳이 없어도 되는데 가지고 싶어서 구매하는 것은 다시 생각해봐야 한다.

부득이하게 작은 집에서 살게 되면서 놓아둘 공간이 없어 물건을 안 사게 되어 좋았다. 개인적으로는 정리를 잘 못 해서 그런지 간소한 것이 좋고 청소를 할 때도 많은 물건에 치여 정리를 해도 티가 안 났는데 깔끔하게 살 수 있어 좋았다. 돈이 생기면 가지고 싶었던 것들을 많이 가진다고 행복한 것이 아닌 것을 알기에 물건에 대한 욕심도 없었다. 시간이 지나니 작은 집에서의 생활에 적응한 신랑도 미니멀 라이프로 살아가는데 있어 불편하지 않다며 간소하게 살아야겠다고 말했다.

소비의 패턴은 사람마다 각양각색이다. 소비가 한순간의 기쁨과 행복감을 주는 것은 사실이다. 그 순간의 기분이 오래 지속되지는 않는다. 물건을 구매할 때는 세 번 이상 생각해보고 꼭 필요한 것인지, 나중에도 유용하게 쓰일 물건인지, 당장 써야 하는 물건인지 등을 고려하여 신중하게 판단해야 한다. 몇 번 사용하지도 않고 창고에 넣어두는 경우도 흔하다. 아이들에게 절제와 절약의 기준과 경제 개념에 대해 인지시켜주는 것도 부모의 몫이다. 요즘 부모들은 아이들이 남에게 처지지 않게 보이려고 원하는 것을 다 사주는 경향이 있다. 남에게 보이는 것을 굉장히 중요하게 생각하는 우리나라 문화가 소비를 더 부추기는데 한몫한다. 집은 없어도 고급 차를 몰고 다니는 사람들이 많다는 것만 봐도 짐작할 수 있다. 무엇이 옳다고 말을 할 수는 없지만, 겉의 화려함보다는 속이 꽉 찬 사람으로 키우는 것이 더 가치 있는 일이 아닐까 생각한다.

집의 규모와 상관없이 정리를 잘 못 하는 성격 때문인지는 모르겠지만, 간소하게 살고 싶다. 필요한 물건에 대한 것도 주관적이기 때문에 가지고 싶은 것이 다르겠지만 필수품이라고 말하는 것 외에는 집안의 깔끔한 이미지를 위해서라도 담백함을 추구한다. 스위스 생활을 통해 많은 물건이 필요 없다는 것을 더 절실히 느끼게 되었다. 시간이 지나면 더 큰 집, 더 큰 차 등이 가지고 싶어지는 것이 사람 마음이지만, 그것이 주는 행복은 한순간이라는 것을 잊지 말아야 한다. 물질적인 것보다 더 좋은 사람, 더 좋은 만남, 더 좋은 경험 등에 감동을 하고 오랜 시간 지속되며 나를 성장시키고 변하게 만드는 매개체가 된다는 것을 느껴야 한다. 평생 다 써도 못 쓸 정도의 돈을 가지고 있다가도 다음날 빚쟁이가 되는 사람들을 매스컴에서 자주 본다. 부를 누렸던 사람들인데 하루아침에 모든 것을 내려놓고 마이너스에서 시작하는 것이다. 그렇게 돈이 없어도 또다시 살아가게 되는 것이 인간이다. 사회생활 시작부터 욕심내서 물건 사는 습관은 버리고 가진 것에 감사하며 살아가야 한다. 이제는 노후를 일찍부터 생각하면서 준비하고 모아야 한다. 외국 생활을 통해 많은 물건이 없어도 크게 불편함 없이 살아갈 수 있다는 큰 깨달음을 얻은 것도 고마운 일이다. 몸소 체험하여 살아보니 미니멀 라이프도 괜찮다. 한국에 돌아와서도 예전 살던 집보다 짐이 1/2이 줄었는데도 집이 아늑하니 포근하게 느껴지고 불편함이 없어 좋다.

우선 동네부터 익히기

낯선 곳에 가면 무엇부터 해야 할까? 한 나라 안에서도 다른 도시로 이사만 가도 어색하고 낯설고 자리 잡기 위해서는 시간이 필요하다. 문화와 언어가 다른 나라에서 살려면 무엇을 제일 먼저 익혀야 할지에 대해 생각했다. 잠시 머물다 가는 것도 아니고 돈보다 귀한 시간이 주어진 1년을 어떻게 보내야 후회되지 않을까를 많이 생각하게 되었다. 행정적인 절차야 접수하고 기다리는 수밖에 없는 것이고, 내가 할 수 있는 것은 우선 주변을 친숙하게 만들어가는 것이었다. 그러기 위해 주변 동네 사람들과 얼굴도 자주 트이고 동네를 익숙한 길로 자주 접하는 것이 먼저라는 생각이 들었다. 어릴 적부터 직업군인이셨던 아빠를 따라다니며 초등학교를 7번째 학교에서 졸업을 했기에 낯선 곳에서는 적응을 잘하는 편이라고 생각되었다.

우리 가족이 스위스에 도착한 것이 9월이라 걸어 다니기에 춥지도 않았다.

거주하게 된 아파트에서 관광객이 많이 찾고 사람이 북적대는 루체른 시내 기차역까지는 30분 넘게 걸어 가야 한다. 집에서 루체른 기차역까지 가는 길을 핸드폰에 목적지를 설정해 놓고 여러 가지 길로 걸어가 보면서 길을 익혔다. 인터넷 매체 등 과학 기술의 발달로 인해 어디를 가도 다닐 수 있을 정도로 편리해진 덕분에 어려움이 없었다. 나 홀로 배낭족들이 많이 증가할 수 있는 환경이 만들어진 이유 중의 하나이기도 하다. 세계는 하나가 되어 가는 느낌이다. 눈만 뜨면 수시로 동네를 걸어 다니며 길을 익히고 무엇이 어디에 있는지 하나씩 알아갔다. 우체국, 이민국, 교육청, 병원, 학교, 대형 마트, 문구점, 운동 시설, 레스토랑 등 실생활에 필요한 곳의 위치를 알아갔다. 걷는 것을 좋아했기에 가능한 일이기도 했다. 2주 정도 지나니 집 주변이 낯설지 않고 어떤 문제가 생겨도 해결할 수 있을 것 같은 자신감이 생겼다. 지인도 없고 독일어를 모르지만 궁금한 것이 있으면 아파트 관리인에게 문의해도 되고 인터넷을 통해 알아볼 수도 있으니 긴장감도 없어지고 마음이 편해졌다. 선진국이라 그런지 대부분 시설을 이용하는 데 불편함이 없었다. 문제는 언어소통인데 영어를 할 줄 아는 사람들을 찾아서 해결할 수 있었다. 이제는 한국에만 국한된 직업보다는 세계 어디를 가든 외국에서 일할 수 있는 기회도 많아져서 그 기회를 잡으려면 언어에 능통해야 한다. 쉬면서 손 놓았던 영어 말하기를 미국 드라마를 보면서 짬짬이 독학으로 했다.

독일어로 인사말 정도는 익혀서 엘리베이터나 마트에서 만나는 사람들과 미소를 지으며 인사를 주고받았다. 청소부 직원과도 인사 나누며 이야기하고 시장에서는 금액을 깎아 달라고 시도도 하고 소통이 잘 안 되어도 몸짓으로도 통한다는 것이 즐거운 일이었다. 이런 식으로 내가 먼저 다가가 스위스를 낯설지 않게 느끼려 했고 사는 동네가 오랫동안 살아왔던 마을처럼 느껴지게끔 열심히 돌아다녔다.

한 달 정도 지나니 인조 잔디가 아닌 자연 잔디를 언제든 밟으며 걸을 수 있다는 것이 즐거움으로 다가왔다. 수영장이 아파트 지하로 연결되어 있어 수시로 아이들은 수영하고 한적하고 아름다운 산을 볼 수 있는 이곳이 너무나 사랑스럽게 느껴졌다. 사실 한국에서 살면서 스위스에서 살 집을 알아볼 때는 시내에서 좀 떨어져야 저렴했기에 고민할 것도 없이 선택하고 집세를 지급했다. 1~2달 정도 살아보고 다른 형식의 구조로 된 다양한 집과 마을에서 지내보고 싶은 마음도 있었다. 하지만 한 달을 살아보니 주변 생활여건이 생각보다 너무나 만족스러웠고 혼잡하지 않은 곳이라 더 마음에 들었다. 아쉽지만 다른 나라 여행하면서 다른 형식의 구조로 된 집에서 지내보는 것으로 대신하고 1년 동안 이 집에서 쭉 살기로 했다. 이사를 한다면 사실 짐이 많지는 않지만 짐을 싸서 옮기는 것도 쉬운 일은 아니었다. 동네는 익숙해지고 2달이 지나고 나니 스위스에서 현지인 친구를 사귀어 대화를 나누어 보고 싶었고 스위스 문화를 알아가야겠다는 것을 목표로 정했다. 직장을 다니지도 않았는데 생각보다 할 일이 많고 시간이 너무나 빨리 지나가서 친구 사귈 여유가 생기지 않았다. 그 나라 언어를 배우기를 원한다면 현지인이 모인 곳에 가야 빨리 습득하는데 그것이 쉽지만은 않았다. 친구 사귀려는 방법을 모색하고 접근법을 고민 했다. 나이를 먹을수록 기존에 알고 지낸 사람과의 관계 유지도 쉬운 일은 아니다. 나이 들면 많은 사람이 새로운 사람들을 만나는 것에 에너지를 쏟지 않고 현재 잘 지내는 사람들과 어울림을 유지하는 데 집중한다.

호주에서 생활할 때도 현지인을 만나는 것은 어려운 일이었다. 영어를 배우는 시설 이다 보니 내 주변에는 타국에서 영어를 배우러 온 유학생들이 많았기 때문이다. 현지인들의 문화를 이해하고 영어가 유창하게 된 후 현지인들이 많이 있는 정규학교 또는 일터에 가야 만날 수 있다. 그렇게 되기 위해서는 긴 시간이 필요한 것이다. 오랜 시간 머물지도 않았기에 외국인 친구 사귀기는 물거품이 되었다. 그때 이루지 못했던 것을 이루기 위해 먼저 다가가는 용기를 보였다. 예전보다는 베짱이 생겨서 그런지 젊은 친구 한 명을 사귀어 우리 집에도 초대하고 이런저런 이야기도 나눌 수 있는 시간도 가졌다.

　동네도 익히고 아이들도 학교생활에 잘 적응하며 삶의 만족도가 높아지고 있었다. 보람된 일이 무엇일지에 대해 고민하고 깊이 사색하는 시간을 가졌다. 매일 눈 뜨면서 기도하는 내용은 가족과 함께 다른 나라에서 살아보는 것이 현실로 된 것에 대한 감사함과 건강하게 지내다 귀국하고 싶다는 것이었다. 이처럼 간절히 원하고 구체적 계획이 있으면 이루어지니 앞날에 어떤 일이 펼쳐질지를 상상하면 신이 나기도 한다. 지금보다는 더 나은 내가 되어있을 것이라 믿기 때문이다. 그런 상상이 현재를 더 열심히 살아가게 하는 원동력이 되기도 하고 인생 공부를 하게 만든다. 구체적인 계획이 하나하나씩 이루어질 거라 나 자신을 믿는 것이다.

　동네가 익숙해지니 다른 동네도 궁금해지고 점점 영역을 넓혀가며 활동 범위를 넓혔다. 동네에 정을 가지려 하니 빨리 친숙해졌다. 빨리 적응하려 노력하고 익숙해지는 것이 시간을 절약하는 방법이기도 하다. 낯선 곳에 가면 우선 동네부터 익히면서 낯선 느낌이 익숙하고 친근한 느낌으로 변할 수 있게 노력하는 것이 중요하다고 생각한다.

스위스 마트 투어

어디에 살든지 의식주가 해결되어야 살아갈 수 있다. 옷은 한국에서 가져온 것 입으면 되고, 숙박할 곳은 이미 정해놓았고, 현지에서 가장 신경 쓰이는 것이 먹을 것이다. 한창 성장할 나이의 아이들에게 영양가가 골고루 섭취할 수 있도록 어떤 음식을 만들어 먹여야 할지가 가장 고민 되어 요리법을 자주 찾아보게 되었다. 아이들도 이미 한국 음식에 적응이 되어 매일 빵, 스파게티, 치즈 등만 먹일 수는 없으니 다양한 음식에 도전하였다. 그러기 위해서는 필요한 재료를 어느 마트에서 저렴하게 구매할 수 있는지에 대해 알아봐야 했다. 스위스의 대표적인 마트는 Migros와 Coop이 있다. 회원 가입은 한 상태라 그곳에서 할인 행사 관련 문자를 받으면 점검해 두었다가 준비했고 아시아 재료들은 아시아 마트에 가서 구매했다. 마트를 자주 이용할 예정이므로 포인트 적립 카드도 만들고 할인 쿠폰도 받아서 절약도 하고 현지인처럼 얻을 수 있는 것들의 이익을 취하면서 생활했다.

그 나라 사람들이 무엇을 먹고 무엇에 관심을 가지고 살아가는지를 보려면 대형 마트에 가보면 짐작할 수 있다. 마트 투어는 문화를 익히고 적응하면서 살아가기 위해 필요한 과정이다. 우리나라와 비교해가면서 마트에서 구경하는 것만으로도 즐거운 일이었다. 워킹맘으로 지내면서 외식은 즐기지 않았던 편이고 되도록 집밥을 만들어 주려고 했다. 주말에는 6끼를 다른 메뉴로 준비하려니 일요일 저녁때쯤 되면 피곤해져 좋은 감정을 유지하기 위해 배달시켜 먹기도 했다. 친정엄마로부터도 간식까지 집에서 만들어 주신 음식을 먹고 자라서 그런지 우리 아이들에게도 집밥을 만들어 줘야 한다는 생각을 하고 살아왔다.

신선한 한국 재료들을 구하기 힘들기 때문에 현지에 있는 싱싱한 재료들을 가지고 새로운 요리법으로 우리 입맛에 맞게 만들어 주었다. 한국에서 가지고 온 한국 전통 음식들이 1달 정도 지나니 배속으로 들어가서 없어졌다. 2달 정도 지나니 매콤한 것이 먹고 싶어지기는 했다. 운이 좋게도 지인 중 스위스에 오시는 분이 계셔서 그 분께 부탁하여 김치 외에 구하기 힘든 음식을 받을 수 있었다. 없으면 없는 대로 지낼 수는 있지만, 막상 지인이 온다 하니 부탁해서 먹게 되는 건 어쩔 수 없는 한국인이었다.

독일 여행 가서 보니 독일은 한국 이민자들이 많아 한인 대형마트에 없는 게 없이 다양하게 생각보다 비싸지도 않은 금액으로 구매할 수 있었다. 한국에서 자주 보던 것들이 고스란히 독일 한인 마트에서 보게 되니 신기하고 흥미로웠다. 한국에 와 있는 느낌이 들 정도였다. 그 마트에서 스위스까지 배달할 수 있는지 문의했더니 EU 국가에 포함되어 있지 않아 배달에 어려움이 있었다. 루체른에는 아직 한국 음식을 쉽게 접할 수는 없다. 아시아 마트가 있기는 한데 재료들이 본연의 그 맛이 나지 않고 동남아에서 건너온 것이라 비싸기만 하고 양도 적어 차라리 그 돈으로 다른 것을 먹는 게 나았다. 재료들의 유통기한도 터무니없이 길어 선뜻 손이 가지 않았다. 결혼 전 한식 요리학원에 다닐 정도로 요리 하는 것을 좋아하고 특별한 날에는 해보지 않았던 음식의 요리를 하면서 새롭게 시도하는 것을 즐겨 했었다. 시간적 여유가 있어 이것저것 해볼 수 있었고 가족들이 잘 먹어 주어 고마웠다.

가끔 아이들은 김밥이 먹고 싶다고 했다. 주말에 김밥 재료를 준비해서 신랑이 돌돌 말아 끝없이 먹었던 것이 기억나는 모양이었다. 김밥에 단무지가 빠지니 영 김밥 맛이 나지 않아 아시아 마트에 가서 준비하여 김밥을 싸 주었는데 한국에서 먹었던 그 맛이 아니었다. 신선한 현지 재료들을 놔두고 비싸고 방부제 가득한 재료들을 굳이 사 먹어야 하나라는 생각이 들었다. 차라리 그 돈을 가지고 맛있는 고기나 채소를 사 먹어야겠다는 생각을 했다.

마트에서 오이, 당근, 감자, 양파, 양상추, 브로콜리, 파프리카 등 다양한 채소들이 우리나라와 비슷한 모양으로 쉽게 구매할 수 있었다. 주식이 쌀인 우리는 쌀을 먹어야 하는데 리조또 용으로 우리나라 쌀보다는 좀 길고 얇은 쌀을 흔히 볼 수 있었다. 그 쌀로 밥을 하면 찰기가 없고 밥알이 각자 돌아다니는 듯한 느낌이 있다. 여러 종류의 쌀을 먹어보고 우리 입맛에 가장 잘 맞는 쌀을 선택하여 할인할 때 많은 양을 구매해 두었다. 쌀 용량 포장도 1kg으로 되어 있어 밥을 매일 먹는 우리는 수시로 마트에 가서 사다 놓아야 했다. 아시아 마트에 가야 10kg, 20kg 용량의 쌀을 찾을 수 있다.

마트에 가면 모르는 독일어 단어도 찾아보게 되고, 할인제품을 구경하는 재미가 있어 시간 가는 줄도 모른다. 워낙 물가가 비싸서 할인하는 제품은 사람들의 선호도가 높아 빨리 없어지기도 한다. 들판에서 풀 뜯어 먹는 소를 기차 타고 가다가 흔히 볼 수 있어 소고기 값도 저렴할 줄 알았는데 유럽에서 제일 비싸다고 한다. 다행히 우유, 유제품은 워낙 종류도 많고 우리나라와 비슷한 가격에 판매되고 있었다. 아이들도 소고기보다는 오히려 돼지고기를 선호하고 부드럽고 육질이 좋아 요리를 자주 해 먹었다. 유통기한 2일 전 재료들은 할인제품들 모아 놓는 곳에 진열해 놓고 판매를 하므로 쉽게 찾을 수 있었다. 마트에 있는 재료를 보다가 잘 모르거나 원하는 물건 찾기가 힘들 때는 점원에게 물어보면서 생활에 익숙해지려 노력했다. 점원들도 영어를 잘하는 편은 아니지만 간단한 영어는 통해서 모르면 무조건 물어보고 알아가는 것이 재미였다. 도착해서 약 1달 정도는 마트에 가는 즐거움이 컸다. 익숙해지니 마트 가는 것도 어려움이 없어지고 집에서 가까운 곳에 있으니 필요할 때마다 수시로 가게 되었다. 처음에는 장 보는 것만 해도 어디에 있는지 어떤 물건인지 몰라 1시간이 걸렸는데 수시로 다니다 보니 필요한 물건을 적어가서 그것만 금방 사 오게 되었다. 채소들은 신선하고 저렴한 편이라 부담 없이 먹을 수 있어 좋았다. 성장하는 아이들은 육류, 채소 골고루 먹이고 어른은 채소 위주로 먹으면서 건강 유지에 신경 쓰고 샐러드도 자주 만들어 먹었다. 일주일에 1~2끼 정도는 스파게티. 햄버거, 라자냐, 감자튀김 등을 먹고 나머지는 한식처럼 국을 끓이기도 하고 덮밥 형식, 수입 오징어, 새우, 생선 등을 가지고 요리를 해서 주식인 밥과 함께 먹었다. 제일 아쉬운 건 내륙지방이라 신선한 해산물 재료가 다양하지 않고 비싸다는 것이다. 수입제품으로 냉동된 것들을 사서 요리를 하거나 연어, 도미 등을 싱싱할 때 사서 귀한 음식이라 생각하며 더 맛있게 기쁜 마음으로 먹었다. 해산물 요리를 좋아하는데 재료가 많지 않아 스페인 여행 시 저렴하고 신선한 생새우구이와 문어요리를 질리도록 먹은 기억이 난다. 스페인은 마트에서 판매되는 모든 육류나 해산물류가 우리나라보다 저렴해서 먹거리를 선택하는데 망설임이 없고 우리 가족 행복지수를 올려주는 나라여서 2번이나 방문하기도 했다.

장 보는 것이 익숙해진 후에는 점원이 잘못 계산한 것에 돈을 받아내기도 했고, 세일 품목으로 써 붙여 놓는 정가로 받은 경우에는 세일 금액으로 구매한 적도 있다. 어디에서나 알지 못해서 손해 보는 일이 생기기 마련이니 정신 바짝 차리고 살아야 한다. 찾아 먹을 수 있는 것은 찾아 먹는 것이 현명하다. 잘 못된 부분을 찾아내서 바르게 잡을 때는 스스로에 대해 뿌듯함도 느끼고 잘 지 내고 있다는 보상으로 생각됐다. 여행자가 많다 보니 거스름돈도 제대로 확인 안 하는 경우가 많은지 점원이 계산을 잘못해서 거스름돈을 잘못 받은 적도 몇 번 있었다. 꼼꼼하게 확인하는 습관이 중요하다.

매주 토요일 오전에는 루체른 시내에 재래시장이 오픈한다. 농부들이 농사 지은 재료들을 가지고 와서 신선한 제품을 직접 저렴하게 판매하는 것이다. 10 월에는 해바라기, 장미 등 다양한 꽃, 직접 짜온 사과 주스, 호박, 각종 채소와 과일 등 사 먹고 싶은 먹거리가 많았다. 직접 짠 100% 사과 주스는 맛이 달콤하 고 진했다. 역시 재래시장 구경은 재미있고, 사람 냄새가 나는 곳이라 정감이 갔다.

매일 전통 한국식으로 먹지는 못했지만 비슷한 형태로 만들어서 아이들에 게 만족감을 주기 위해 부단히 신경 썼다. 만들어준 음식을 가족들이 맛있게 잘 먹어주어 뿌듯했다. 노력해서 만든 만큼 가족들이 그릇을 깨끗이 비워주는 것이 요리사의 큰 기쁨이다. 기회가 되면 스위스에서 요리학원에 다녀 요리를 배우고 싶은 생각도 잠시 들었는데 여행을 다니다 보니 스케줄이 맞아 떨어지 지 않았다.

생활에 불편함이 없도록 곳곳에 마트가 있어 구경하는 재미도 있었고 대형 마트에 가서도 스위스 사람들의 살아가는 모습을 엿볼 수 있는 마트 투어가 흥 미로웠다. 대형마트도 사람들이 붐비지 않고 복잡하지 않아 여유 있고 편안하 게 쇼핑을 즐길 수 있어 좋았다. 마트 회원 탈퇴를 하지 않고 한국에 왔더니 가 끔 핸드폰에 할인 상품에 대한 정보를 받을 때는 그 시절이 다시 그리워진다.

아침 산책과 한눈에 들어오는 설경

    스위스에 도착해서는 며칠은 여러 가지 생각으로 잠을 설쳤다. 현실인지 꿈인지 몰라 아침에도 일찍 눈이 뜨이고 완전 새롭게 태어난 느낌이었다. 집의 규모는 작지만, 유리창이 넓고 밖에 확 트인 풍경이 너무나 좋았다. 루체른에서 높은 빌딩은 우리가 사는 아파트뿐이었다. 그중 가장 좋은 것은 아침에 따스한 햇볕에 눈을 떴을 때 저 멀리 보이는 눈 쌓인 필라투스 산이었다. 맑은 하늘과 둥실 떠다니는 구름, 눈 쌓인 산이 한 폭의 그림 같은 풍경이라 감탄사가 저절로 나왔다. 그런 풍경을 매일 볼 수 있다는 것이 꿈만 같았다. 달력에서나 볼 수 있는 멋진 풍경이 눈앞에 펼쳐져 있으니 누구도 행복하지 않을 수 없을 것이다. 바깥 공기 속에 먼지가 많지 않다는 것은 콧속이 깨끗하다는 것으로도 알 수 있었고 앞산에 가서 산책하면 공기가 신선하게 느껴져 가슴이 뻥 뚫리는 느낌이 들었다.

눈만 뜨면 아름다운 자연에 감탄하며 스트레칭을 하고 잔디가 깔린 축구 운동장에 가서 걷고 뛰기를 반복하며 건강에 신경 썼다. 회사 다닐 때는 사무직이라 어깨, 허리 등이 아프고 몸은 항상 찌뿌둥하며 피곤하다는 말이 자주 나왔기 때문에 쉬고 있을 때 건강 체질로 바꾸기 위해 열심히 운동하며 지냈다. 운동하고 나면 피곤이 감소하고 체력이 좋아지는 것을 알기에 귀찮을 때도 있었지만 해야 할 필요성은 절실히 느끼고 있었다. 무조건 나가서 뛰고 달리고 운동하는 사람들과 인사 나누는 것이 아침 일과 중 하나였다. 귀찮다는 생각이 들기 전에 지체하지 않고 아이들 등굣길에 같이 나가서 운동장으로 갔다.

스위스에서 생활할 때 이루고픈 목표 3가지를 세웠다. 첫째, 건강 체질로 바꾸기 위해 운동을 꾸준히 해서 살도 좀 빼고 건강해지고 싶었다. 두 번째는 아이들을 느긋하게 관찰하고 빨리하라는 말을 적게 하며 아이들이 원하는 것을 하게끔 지원해주면서 행복감을 느끼게 해주고 싶었다. 마지막으로 스위스인 친구 1명은 꼭 만들어서 문화 교류를 하는 데 힘쓰고 싶었다. 목표를 이루기 위해 하루하루 실천하니 모두 이룰 수 있었다. 꾸준히 3개월 정도 운동하니 허벅지와 뱃살도 빠지고 근력이 생겼다. 아이들이 행복감을 언제 많이 느끼는지를 알았고 스위스인 친구도 사귀었다. 하루에 원하는 목표를 조금씩 실천하면서 지내면 시간이 흘러 목표에 가까이 갈 수 있음을 보여준 예이다.

집 앞에 있는 앞산은 30분 정도 올라가면 호수가 보이는 멋스러운 풍경에 빠질 수 있다. 자주 산책을 하면서 미래의 모습을 혼잣말로 중얼거리며 스스로 지속적으로 주입하는 훈련을 했다. '자기 주입 훈련법'이라 명칭을 만들었다. 주변에 산책하는 사람들이 붐비지 않아 가능한 일이었다. 머릿속으로만 하는 것이 아니라 어떤 사람으로 어떻게 살아갈지에 대해 소리 내어 이야기하는 것이다. 푸릇푸릇한 산에는 나뭇잎에 먼지도 둘러싸여 있지 않아 그런지 살아있는 듯한 표정으로 나에게 인사를 건네는 것처럼 느껴졌다. 지나가는 고양이와 개들도 반갑게 인사를 하며 짖어댄다. 동물과 자연 자체가 벗이 되는 순간이었다.

절약하기 위함도 있었고 걷는 것을 워낙 좋아해서 1시간 이내 정도 되는 거리는 걸어 다녔다. 걷는 것이 건강에도 좋고 따로 운동할 시간을 내지 않아도 운동이 되니 되도록 걸으려 했다. 걸으면서 고민스러운 일들을 정리하는 것도 좋고 주변에 핀 꽃과 자연을 보며 걷는 것 자체도 정서상에 유익하다. 그것이 습관이 되어 그런지 마음이 답답하거나 즐겁거나 슬프거나 행복할 때도 시간만 나면 수시로 걸었다. 걸으면서 많은 청중이 있다고 생각하고 강의하는 연습도 하고 생각을 정리하면서 살아온 인생을 되짚어 보기도 했다. 나를 점검하고 그 시간을 갖는 것이 좋은 방향의 미래로 가는 영양가 있는 밑거름이 된다고 생각한다.

홀로 산책을 하면 2017년도에 아빠께서 병원에 입원해 있었던 일들, 아빠의 임종, 살면서 상처받은 일들, 가장 기뻤던 일들, 좋은 친구, 가족 관계, 회사 동료 등 여러 가지 생각들이 떠오른다. 안타까웠던 일, 아쉬웠던 일, 후회되는 일, 가장 행복했던 순간 등이 주마등처럼 스쳐 지나가고 여태껏 알고 지내온 주변 사람들이 생각나기도 했다. 때로는 산책로에 사람이 많지 않아 개인적으로 좋아하는 음악을 크게 틀어 놓고 들으며 감성에 젖어 그 시간을 즐겼다. 유튜브에서 전해주는 긍정의 메시지 강의도 들으면서 미래의 내 삶도 그려보고 희망의 끈을 더욱더 단단하게 동여맸다.

한국에서는 바쁘게 지내다 보니 가족들에 치어서 나를 돌볼 여력이 없었다. 아이들이 태어나면서부터는 나 자신보다는 아이들 위주로 스케줄이 짜이고 수면, 영양 부족으로 체력도 고갈되어 이유 없이 아픈 곳이 여러 군데 생겨 고

비가 많았다. 주말에 시간이 있으면 쉬려고만 하고 지쳐 누워있게 되어 움직임이 싫었다. 그렇게 살다가 여유가 생기니 그 시간이 더 값지게 느껴졌다

산책하면서 반대 방향에서 걸어오거나 뛰어오는 사람과 눈이 마주치면 웃는 얼굴로 인사를 건네 온다. 웃는 얼굴에 침 못 뱉는다는 말이 있듯이 웃는 얼굴로 대하면 얼었던 마음도 녹아내리며 나도 인사를 건네게 된다. 사람은 사회적 동물이기 때문에 혼자가 아닌 함께 있어 행복한 것임을 실감했다.

겨울 동안 보았던 설경과 즐겼던 산책을 한 것만으로도 생동감 넘치는 삶이었다. 이런 시간을 가질 수 있었던 것은 시간에 쫓기면서 견디며 버텨온 시간에 대한 보상으로 여겨졌다. 워킹맘으로 몸과 마음이 고생한 대가로 일 년간의 휴식이 주어진 것으로 생각되었다. 집 주변의 환경이 편안함을 주어 안정적인 생활을 할 수 있었고 안락함과 책 쓰기에도 몰입할 수 있는 공간이 되어 행복했다. 주어진 환경 속에서 온전히 스스로가 선택한 일들로 메꾸면서 보낼 수 있다는 것이 꿈만 같았다.

부모의 기다림

9월이 지나 단풍이 들고 잎이 떨어지는 가을이 다가왔다. 아침에 아이들을 학교 보낸 후 운동하고 집 정리하고 나면 여유 시간을 가지면서 창밖을 내다보곤 했다. 한국의 전형적인 가을 모습과 흡사해서 크게 낯선 느낌 없이 친근하게 다가오는 계절이었다. 집 앞쪽으로는 작은 놀이터와 의자가 있고, 다른 쪽에는 넓은 잔디밭 축구장이 있어 날씨가 좋으면 오가는 사람들이 많았다.

집 근처에 있는 초등학생들이 오전 10시쯤 되면 선생님과 함께 놀이터에 앉아 간단한 간식을 먹고 놀이기구를 타면서 놀다가 목적지를 향해 사라진다. 오후 3시쯤 되면 어린이집 아이들도 산책을 나와 야외 활동을 하다가 다시 어린이집으로 들어간다. 엄마와 유아들이 놀이터에 나와서 놀고 있는 모습도 자주볼 수 있어 어른과 아이들의 행동을 관찰하게 되었고 그 안에서 알게 된 사실이 있었다. 아이들의 나이와 관계없이 일일이 도움을 주지 않는다는 것이다.

이제 두 돌 정도 지나 보이는 아이들이 작은 미끄럼틀에 올라가기 위해 계단 3개 정도 올라가야 하는데 뒤뚱뒤뚱한 모습으로 가다가 넘어져도 엄마가 일으켜 세워 주지 않는다. 혼자 해결할 수 있도록 기다려주고 지켜봐 줄 뿐이다. 우리나라 엄마들은 아이들이 넘어지면 바로 달려가서 일으켜 세워주고 돌봐주는 장면을 자주 접하게 된다. 다치기라도 하면 큰일 날까 봐 조바심에 아이들이 스스로 하게끔 시간을 주지 않는다. 나부터도 그렇게 했던 것 같다. 아이들이 잔디밭에서 뛰다가 넘어져도 다시 일어날 때까지 시간을 가지고 기다려준다. 어린아이가 넘어지면 바로 가서 잡아주고 일으켜주는 것이 반사 작용으로 나타나는 법인데 스스로 해결할 수 있는 것은 할 수 있게끔 해 주는 것이다. 한편으로는 엄마가 너무 무관심한 건 아니냐는 생각도 들었지만, 끝까지 아이를 지켜보는 눈빛에서 그런 것이 아님을 알 수 있었다.

아이들 학교에서도 참관수업을 해보면 선생님께서 아이들에게 설명해주고 스스로 할 수 있도록 독려하는 모습을 볼 수 있었다. 대부분 선생님이 아이들에게 하지 말라고 제한하는 것도 없다. 선생님의 성향마다 조금씩 다르기는 하지만 남에게 피해를 주지 않는 범위 내에서 자립적으로 해 볼 기회를 제공한다. 어릴 적부터 이런 교육을 받아서 일찍부터 독립하여 홀로 배낭여행을 다니는 Backpacker들이 생기는 것이 당연하다. 태어나면서부터 부모의 간섭과 지시, 명령, 감시, 통제를 많이 받는 우리나라 아이들과는 조금 다른 면을 볼 수 있었다.

그런 교육을 받지 않고 자랐기에 아이들이 혼자 할 수 있는 것들도 할 수 있도록 기다려 주는 것이 쉽지가 않다. 아이가 혼자 할 수 있다고 말해도 부모가 불안하고 걱정되어 스스로 하게끔 지켜봐 주며 인내심을 가지고 기다려 주지 못하는 것이다. 빨리해야 직성에 풀리는 부모의 성향도 문제가 될 수 있다.

한국에서는 버스를 타고 다닌 적이 없던 아이들인데 공교롭게도 배정받은 학교가 멀어서 버스를 타고 학교에 다녀야 했다. 처음에는 버스정류장을 잘못 내려 길을 헤매고 다닐까 봐 걱정이 되어 일주일 정도는 학교의 등하굣길에 동행해 주었다. 등굣길이 익숙해 질 수 있도록 훈련을 시킨 것이다. 점심시간에도 집에 와서 점심을 먹고 다시 오후 수업을 위해 학교에 가야 하기 때문에 하루에 4번 버스를 타고 다녀야 했다. 일주일이 지나도 초등학생 2학년 남자아이는 마음이 놓이지 않았지만, 누나랑 자기네들끼리 갈 수 있다고 하여 믿어주고 보냈다.

한번은 큰딸이 학교 가기 위해 내려야 할 버스 정류장을 놓치는 일이 있었다. 결국 버스 종착역까지 가서 버스 운전 기사님께 학교 이름을 알려주고 타고 갈 수 있는 버스 번호를 물어봐서 학교에 도착했다는 이야기를 들었다. 살아남는 법을 하나씩 익히는 것 같아 대견했고 지혜롭게 잘 해결한 딸을 칭찬해 주었다. 낯선 길에 가면 당황하고 헷갈릴 수도 있는데 침착하게 물어보고 최종 목적지까지 간 것이 자랑스러웠다. 자립심과 문제 해결력을 키워 준 좋은 사례로 잊지 못할 사건이다. 아이들은 어른이 걱정하는 만큼 여리고 마냥 어리숙하지만은 않다. 때로는 언행이 어른보다도 성숙한 모습으로 지혜로울 때가 있다. 책으로부터 얻는 간접경험에서 우러나오는 것도 있지만, 직접적인 경험을 통해 성장하는 데 도움을 받기도 한다.

우리나라에서는 성인이 된 자녀들의 취업 면접시험장까지 쫓아오는 부모들도 있다고 들었다. 일거수일투족에 관여하고 정해준다면 나중에 부모 없이 어떻게 살아갈 수 있을까를 깊이 생각해야 한다. 다그치지 않고 기다려주는 것이 미흡한 나도 많이 반성하게 되었다. 아이들에게도 생각할 시간을 충분히 주어야 하는데 현실에서는 잘 되지 않는다. 훌륭한 부모 밑에 훌륭한 자녀가 있는 법은 확실한 사실이다. 나쁜 성향은 벗어 던지고 현명한 부모 역할을 하려는 마음은 항상 있는데 원하는 만큼 되지 않아 스스로 속상해진다. 학교 가방 챙기기, 식사 후 개수대에 밥그릇 가져다 놓기, 빨래 개고 정리하기, 이불 개기 등 정도는 초등학생 때부터 가르치고 할 수 있도록 교육해야 한다. 모든 것을 부모가 해주고 희생정신으로만 키운 아이들이 성장하여 부모 곁을 떠나거나 말을 안 듣게 되면 허탈감과 배신감이 느껴지면서 후회감이 밀려오게 되어 있다. 아이들도 각자의 개체로 여겨야지 부모의 소유물이나 꼭두각시로 취급을 하면 안 된다. 스스로 판단하고 결정한 것에 책임지고 해결할 힘을 키워주는 것이 중요하다. 하루는 아들이 엄마가 자신의 말을 존중해주어 엄마가 좋다는 이야기를 듣고 조금은 뿌듯했다. 어릴 적부터 그런 환경을 만들어 줘야지 하루아침에 변할 수도 없는 노릇이다. 부모들이 올바른 판단을 해야 하고 주체적인 삶을 살도록 지지해주어야 자신의 역할을 책임감 있게 실행하게 된다. 부모라는 이유로 생각을 주입하거나 아이들을 따라오기만 바라지 말고 생각할 기회를 많이 주고 함께 고민하고 함께 나눌 수 있는 분위기 속에서 키우는 것이 중요하다. 부모의 기다림이 아이들에게는 큰 영향을 줄 수 있는 요소라는 것을 새삼 느끼는 하루였다.

가족이 함께여서 외롭지 않아

혼자만의 여행은 챙겨야 할 것이 단순하다. 가족이 함께 움직이려 하니 아이들의 모든 것을 부모가 챙겨야 하고 책임감과 부담감이 생긴다. 함께하는 자체가 주는 든든함이 있기도 하다. 인원수가 많아 경제적인 지출도 많지만 가족이 있어 더 부지런해지고 알뜰해지고 추억을 공유할 수 있다는 장점도 있다. 아이들로 인해 힘듦보다는 아이들이 자라면서 주는 행복감이 훨씬 크다고 한다. 손이 많이 가는 영유아 시기도 지났고 말귀도 어느 정도 알아듣는 초등학생들이라 걱정이 덜 되었다. 여행을 다녀보니 아이들이 성인만큼 여행자 한사람 몫을 하기도 하고 남매가 가끔 다투다가도 서로를 챙기는 모습에 미소 지어지기도 했다.

아이들이 스스로 자신을 챙길 나이가 되면 부모 손이 갈 일이 줄어들고 다니기에 수월해져서 덜 힘들어지니까 키울 맛이 난다. 시간이 지나면 부모가 편해지는 시기가 오니까 살 수 있지 평생 키워야 한다면 지칠 것이다. 매일 힘든 날만 지속되는 법은 없으니까 시간이 흐르면 아이들 어렸을 때가 그리워진다고 어르신들이 말씀하신다. 아이들이 성장하면 그만큼 부모는 나이가 들어버리는 것이므로 옛 추억이 그리워지기도 할 것이라 예상된다.

사람의 성격에 따라 여행 선호도도 다르다. 내 성격상으로는 혼자 여행하는 것보다는 좋은 사람들과 함께하는 여행을 더 선호한다. 가족과 여행하면 부딪히고 속상해하고 화나는 일을 겪으면서도 다시 끈끈해지는 관계로 돌아온다. 지혜를 발휘하여 잘 헤쳐나가면 성숙한 가족의 모습으로 변해간다. 개인적으로는 여행길에 혼자 이어폰 끼고 음악 들으며 가는 것보다 가족이 있어 이야기 꽃도 피우고 간식거리도 먹어가면서 가는 것이 기억에 더 오래 남는다. 각자의 선호도에 따라 선택하여 즐기면 된다. 무엇이 더 좋고 덜 좋은 것인지는 단언할 수 없지만, 지극히 개인적으로는 함께 떠나는 자유여행이 좋다. 홀로 다니는 여행객을 보면 왠지 쓸쓸해 보이는데 가족끼리 온 여행객을 보면 화목해 보이고 즐거워 보인다. 편견의 눈으로 보는 것인지는 모르겠지만. 더불어 살아가는 세상이라 혼자보다는 가족이 더 낫지 않을까 싶다. 아주 가끔은 홀로 여행을 떠나고 싶을 때가 있기는 하다. 머릿속이 복잡하거나 혼자만의 시간을 가지고 싶을 때 며칠 정도 혼자 여행을 가고 싶다.

20대 때의 홀로 여행에서 40대 때 가족과의 여행을 비교해 보면 확실히 가족과의 여행이 더 행복하다. 처음 와서 살아보는 나라라 생소한 것은 같은 조건이지만, 가족이라는 울타리가 내 마음속에 큰 버팀목이 되어 준다. 아이들을 챙겨야 하는 보호자이니 건강을 잘 챙겨야 하는 의무감도 생기고 아이들이 질문해서 유럽 문화 공부도 하게 되고 제일 중요한 건 외롭지 않다는 것이다.

가족의 의미를 가끔 생각해본다. 지인들로부터 결혼 일찍 하면 고생만 한다는 말을 자주 들어서 20대를 충분히 즐기고 30대에 했다. 나 자신은 스스로가 생각해봐도 지극히 현실주의자이다. 결혼 전에 하고 싶은 것 누리다가 혼자가 재미없을 때, 육아할 에너지가 있을 때 결혼을 할 생각이었다. 그래서 정한 나이가 30대 초반이었다. 20대부터 계획을 세워 희로애락을 맛보면서 책임감 있게 살아왔다. 가족을 가져야겠다는 굳은 결심 같은 것보다는 한 남자와 오랜 기간 연애를 하다가 미운 정, 고운 정이 들어 결혼하게 된 것이다. 둘만 지낼 때는 편하고 시간적 여유가 있었는데 첫째 아이를 낳고는 가족이란 기쁨보다는 워킹맘으로서 몸이 고달팠다. 그것도 시간이 지나니 좀 나아졌고 둘째를 낳고 그 속에서 새로운 이야기들이 생기고 삶의 이야기를 만들어 가는 재미가 있었다. 가족이라는 프레임 안에서 여러 감정을 느끼고 작품이 만들어지는 것 같았다. 밉고 싫을 때도 있지만 함께 있어 힘이 되어준다는 것은 확실한 사실이다. 가족 구성원 안에서도 성향이 맞지 않아 힘들어하는 경우도 종종 있다. 엄마와 딸 사이에서의 갈등, 자매 사이에서의 갈등 등 남보다도 못한 사이로 지내는 사례가 있기는 하다. 가족 사이에서도 자신의 욕망만 채우려고 하는 욕심 때문에 발생한다. 부부 사이로 살다가 한순간 남이 될 때까지 악화시키지 말고 서로 노력하고 처지를 이해하려는 모습을 가져야 유지되는 것이다. 가족도 아무런 정성과 사랑 없이 유지 되지는 않는다. 의견 충돌이 있어 싸우다가도 마음 한쪽에는 피가 섞인 자식이라 이해하려고 많이 애쓰게 되어 있다. 쉽게 얻어지는 것은 어디에도 없는 것이다. 정성을 들이고 괴롭고 힘든 시기를 지혜롭게 잘 이겨내는 자만이 고통의 터널이 지나고 다시 행복의 터널이 찾아온다. 가족을 포함한 어떤 인간관계도 마찬가지이다.

가족 사이는 편해서 그런지 상처가 되는 말을 자주 주고받기도 한다. 타인에게는 좀 조심하게 되고 한 번 더 생각하기도 하는데 오히려 가족이라 생기는 문제들이 있다. 유감스럽게도 요즘은 매스컴에서 자주 접하는 뉴스가 가족 간

살해와 관련된 것이다. 특히나 힘이 없는 영유아를 장난감 다루듯이 다루고, 생각하고 싶지도 않은 끔찍한 부모들의 모습에 소름이 끼치기도 한다. 그들도 자라온 환경 속에서 사랑을 많이 받지는 못하고 자랐을 것이라 추측이 된다. 상처를 받고 자란 사람이 상처도 주는 경우가 많다. 결혼 전에 부부 교육, 부모 교육이 조금이라도 이루어졌으면 이런 일이 덜 벌어지지 않았겠느냐는 생각도 해본다. 부모와 자녀 관계는 선택해서 이루어지는 것이 아닌 인연으로 맺어진 끈인데 한순간의 감정으로 가족의 끈을 잘라버리는 것은 잔인한 일이다. 가족의 의미와 구성단위가 점점 변해가는 사회 속에서 먼 미래에는 가족의 의미가 어떻게 변할지 궁금해진다. 다른 것은 변질되어도 가족의 의미 등 기본 개념들은 변하지 않았으면 하는 바람이 있다.

우리 가족도 24시간 붙어 다니며 유럽 여행할 때 언성을 높이게 되는 경우가 종종 생겼다. 흩어져서 각자 다닐 수 없는 상황이라 금방 풀고 다음 목적지로 같이 향하게 될 수밖에 없었다. 함께 다니다 보면 가족 구성원 간에 서로의 성향을 맞추어주려고 배려를 하게 된다. 여행하면서 배려도 배우고 양보심도 생겼다. 낯선 여행지에 가서도 외국인들과 쉽게 어울리며 먼저 인사를 건네고 호기심이 있으면 물어보는 등 적극적인 모습도 볼 수 있었다.

워킹맘으로 지내면서 아이들에게 빨리하라고 자주 다그쳤고 딸은 학교, 학원 다니느라 웃음을 많이 보지 못했다. 웃을 일도 많지는 않았다. 웃으니까 행복하다는 말이 맞듯이 시간에 쫓기지 않아서 그런지는 모르겠지만 딸아이가 호탕하고 길게 웃는 웃음소리를 자주 들었다. 딸이 저렇게 잘 웃었던 아이였었는지 새삼 생각하게 했다. 마주대하는 시간이 많지 않으니 주로 나누는 대화가 학업에 관련된 잔소리만 하게 되어 인상 쓰는 일이 많았던 것으로 기억된다. 환경이 변하니 역시 사람도 변한다는 것을 실감했다. 엄마 역할 반성하는 의미로 맘껏 놀고 운동하고 즐기게 해주고 싶었다. 아이들의 등에 떠밀려 해보지 않았던 것에 도전도 해 보았고 아이들 덕분에 요리에도 신경을 더 쓰게 되었다. 가족이 함께라서 외로움에 빠지거나 향수병에 빠질 시간도 없었고 고국이 그리운 생각도 안 들었다. 1년 후에 한국으로 돌아가리라는 것이 확정되어 있기 때문인지 현재를 즐길 방법에 대해서만 고민했었다. 좋은 추억만 가지고 가고 싶었다. 가족의 소중함을 알게 해준 시간을 보낼 수 있어서 유익했고 행복했다. 한국에서 생활하며 힘든 시기가 다가와도 스위스에서의 생활을 떠올리면서 희망과 기쁨을 다시 찾을 수 있을 것 같다.

소그룹 운동모임으로 하루 마무리

스위스에서는 많은 직장인이 아침 일찍 하루를 시작해서 오후 5시쯤 퇴근을 한다. 그러다 보니 퇴근 후 오후 시간을 여유롭게 쓸 수 있다. 따스한 봄이 찾아오니 저녁 6~7시 정도에 소그룹으로 10명 내외가 축구 경기장에 모여 다양한 운동을 하는 모습을 볼 수 있다. 요일마다 다르게 스트레칭팀, 조깅팀, 간단한 공놀이팀, 요가팀 등 지역사회 커뮤니티가 형성되어 퇴근 후 운동으로 건강을 유지하는 사람들을 흔히 볼 수 있다. 유럽 사람들은 워낙 축구 경기에 빠져 살지만, 그 외 운동도 다양하게 한다. 학생 때부터 저녁만 되면 남녀노소 구분 없이 스키니 바지와 반소매 차림으로 땀을 내면서 운동을 해서 건강해 보였다. 스스로가 건강을 생각하는 사람들이 많아 보였다. 역시 운동하는 사람들은 뚱뚱하지 않았다. 젊을 때는 몸매가 너무나 예쁜데 결혼 후에는 점점 배가 나오기 시작한다. 아이들 키우면서 본인 시간을 내기 힘들어 운동을 게을리하고 바쁜 일상으로 살아가는 모습이 우리나라와 비슷한 모양이었다.

퇴근 후에 잦은 술 모임을 하거나 집에서 텔레비전만 보는 것보다는 사람들과 어울러서 운동모임도 하고 건강도 유지하는 모습이 보기 좋았다. 가끔은 그 사람들 속에 끼여서 같이 뛰기도 하고 새로운 운동법이 보이면 따라 하기도 했다. 아무래도 삶의 질이 높은 나라일수록 건강을 위한 운동을 열심히 하는 사람들이 많은 것으로 보인다. 이것도 시간적 여유와 부지런함이 있어야 가능한 일이다.

사실 회사에서 온종일 일하고 집에 오면 파김치가 되어 아무것도 하고 싶지 않아진다. 제2의 직장 같은 가정으로 들어가면 집안일 하느라 쉬기가 쉽지도 않다. 자신만의 시간을 가지려면 적어도 아이들이 초등학생 고학년은 되어야 자유로운 몸이 되는 것을 조금 느낄 수 있다. 집에서 할 수 있는 '하루 10분 스트레칭'이라도 시간을 내서 운동해야 하는데 그것 또한 피곤함에 지쳐 그냥 잠이 들어버리고 만다.

사람들의 소그룹 운동모임을 보니 옛날에 운동했던 기억들이 새록새록 떠올랐다. 출산 후 면역력이 떨어져 한번 병이 생기면 오랜 시간 가야 치유가 되어 운동의 중요성을 절실히 느끼고 있었다. 워킹맘으로 지내면서 운동할 수 있는 시간을 따로내기 힘들어 점심시간을 이용하여 운동했었다. 회사 근처 수영장에 가서 수영을 단시간이라도 하고 와서 점심은 간단하게 김밥 등으로 끼니를 해결했다. 수영하고 나서 근무를 하면 오히려 피곤하여 힘들지 않을까라는 고민을 했는데 반대로 에너지가 생기고 기분이 상쾌해서 오후 근무가 더 활기찼다. 또 다른 운동으로는 도시락을 싸서 다니면서 요가를 한 적도 있다. 요가 선생님을 회사로 초대하여 신청자를 받아 요가를 시작했더니 어깨, 허리 근육통도 줄어들고 관절이 부드러워져서 피곤을 덜 느끼게 되었다. 사무직인 사람들에게 흔히 생기는 근육통이 줄어들고 몸이 개운하게 느껴졌다. 운동 스케줄이 없을 땐 점심시간에 가까운 공원에 나가 걷기라도 했다. 그러면서 마음만 먹으면 운동을 할 수는 있겠다 싶었다. 아프고 나면 건강의 소중함을 알게 되고 시키지 않아도 하게 된다. 평소에 운동을 한 사람들은 감기에 걸려도 회복력이 빠르고 정신 건강도 좋아진다. 퇴근 후에만 시설에 가서 운동해야 한다는 생각을 버리고 점심시간을 잘 활용하니 건강 유지도 되고 시간도 알차게 보낼 수 있어 보람되었다. 회사 내에서 주변 사람들을 보면 디스크로 고생하는 사람을 자주 보게 된다. 나에게도 갑자기 허리 급성 염좌가 와서 병원으로 직행한 적이 있어 근골격계의 중요성을 절실히 느끼고 있다. 평상시에 꾸준한 운동을 해주지 않으면 배가 나오면서 건강에 적신호가 찾아온다. 건강을 잃고 나서 후회한들 아무 소용이 없는 일이다.

각자 삶의 터전에서 치열하게 일하고 나서 저녁에는 한 시간 정도 새로운 커뮤니티 사람들과 운동도 하고 잠자리에 들면 하루가 뿌듯할 것이다. 시간을 잘 쪼개어 활용하면 모이고 모여 나중에는 남들보다 변화된 삶을 사는 자신을 발견할 수 있다.

스트레스 해소법 중에는 운동이 최고인 것 같다. 쌓아두지 말고 그날그날 푸는 방법은 땀을 흘리며 운동을 하거나 가볍게 산책하면서 걷는 것도 좋다. 기분전환을 해서 오늘의 스트레스를 내일에도 영향을 미치는 일이 없도록 해야 즐겁게 살아갈 수 있다. 꼭 헬스클럽 등 돈을 내고 운동을 해야겠다는 생각을 버리고 가까운 공원이나 학교 운동장이라도 나가서 무조건 걷다 뛰기를 반복하며 유산소 운동부터 시작하는 것이다. 집에서 스트레칭만 해주어도 건강에 도움이 되기도 한다. 다음 달부터 어디를 등록하여 열심히 해야 한다는 생각으로 운동을 미루다 보면 영영 할 수 없게 된다.

출장 부서에서 1년 동안 근무할 때도 길게는 5일 내내 타지에 가서 모텔에 투숙하며 업무를 한 적도 있다. 그때도 저녁 식사 후 자유 시간에는 낯선 곳에서 무엇을 할까 고민하다가 어두침침한 숙소를 무작정 나와서 걷거나 근처 공원이 있으면 산책을 했다. 걷기 운동을 통해 그 지역 탐방도 하면서 혼자만의 시간을 가지고 그 시간을 즐기려 했다. 날씨가 좋지 않은 날에는 숙소에서 스트레칭과 독서와 음악 감상을 하기도 했다. 그렇게 시간을 보내다 보면 외롭지도 않고 시간이 금방 지나간다. 퀴퀴한 냄새가 나는 모텔에 저녁 시간 동안 혼자 있으려면 시간이 더디 가는 것 같은데 뭔가를 하면 시간이 빨리 지나가 취침할 시간이 다가온다. 지금 생각해봐도 남는 자투리 시간을 걷기 운동으로 보낸 것은 잘했다는 생각이 든다.

건강이라는 공통된 주제로 만나게 되는 운동모임을 통해 관계가 이루어지고 그 안에서 친밀감을 형성할 수 있다. 혼자 운동하면 나태해질 수도 있는데 모임을 통해 운동하면 같이 하는 사람이 있어 느슨함이 덜 해진다. 나이를 먹을수록 운동의 절실함을 알기에 꾸준하게 게으름 피우지 않고 필수 과목처럼 생각하며 의무감으로 생각하고 해야 한다. 운동으로 하루를 마무리하는 남녀노소들의 활기찬 모습을 보면서 자극받아 더 열심히 뛰고 걷는 힘을 가질 수 있었다.

하늘에서 별이 쏟아지는 밤

옛날에는 하늘을 자주 보지 않아 별이 많이 보였는지 기억도 안 난다. 속상하게도 어른이 되어서 밤이 되어 하늘을 보니 환경오염, 미세먼지 등으로 별을 보기가 힘들어졌다. 가슴이 답답하고 일이 잘 안 풀릴 때는 밤에 걸으면서 하늘을 향해 기도한 적이 있었다. 자연 그 자체가 아름다운 스위스에서도 자주 하늘을 보게 되고 감탄하면서 행복감에 빠진 적이 많았다.

9월 가을 어느 날 밤하늘에 넓은 운동장을 걸으며 스위스에 거주하고 있는 것이 꿈만 같다며 남편과 함께 이야기를 나누면서 하늘을 보았다. "와! 이래서 스위스가 오염되지 않은 청정 지역이라 하는구나"라는 말이 저절로 나왔다. 별이 나에게 마구 쏟아질 것처럼 느껴졌고, 더 많이 보고 즐기고 싶어 잔디밭에 누워서 하늘을 감상하였다.

한국에서는 눈 뜨자마자 아침밥을 챙기기 위해 주방으로 가서 졸린 눈을 비비며 아침을 맞이했던 기억뿐이었다. 바쁘게만 살아와서 별빛이 반짝이는 밤

하늘이 나에게 더 큰 감격으로 느껴지는 것일 수도 있었다. 자주 쉽게 접할 수 있는 것에 큰 감동이 없듯이 현지인들은 자주 보는 별이라 크게 와 닿지 않고 당연시할 수 있다. 희소성의 가치로 인해 소중하게 느껴지는 순간이었다. 한국으로 돌아가면 다시 바쁜 생활을 해야겠지만, 잔디밭에서 별을 보는 순간이라도 자연인이 된 것처럼 편안한 마음이 들었다. 하루하루가 빡빡하게 돌아가는 것이 현실이지만 짧은 시간이라도 자연과 함께하는 시간을 가지면서 여유를 찾아야겠다는 생각이 들었다. 누구와 함께여도 좋고 혼자만의 시간을 가지면서 산책도 하고 하늘도 보고, 바람 소리도 들어가며 사색에 잠기는 시간이 필요하다.

고통의 시간이 오면 독서를 즐기고 밤에는 하늘과 이야기를 나누기도 했다. 고통과 기쁨이 번갈아 찾아오는 인생이기에 자신과 잘 맞는 방법을 마련해서 윤택하게 살아갈 수 있도록 노력하는 것이 필요하다. 잘 나가는 시절에는 그 무엇이든지 좋게 느껴져서 문제 될 것이 없다. 어려울 때는 자신만의 일어설 힘을 찾지 못하면 주저앉아 버린다. 다시 일어설 힘을 찾아야 하는데 평소에 쌓아놓지 않으면 힘들어진다. 아무리 애를 써도 해결되지 않는 문제들이 찾아오기도 한다. 특히 인간관계 속에서는 바꾸려 애를 써도 바뀌지 않는 것이 많아 그냥 수용하면서 자연과 마찬가지로 있는 그대로 받아들이려는 연습이 필요하다. 때로는 내려놓고 살아야 마음의 편안함이 찾아온다. 외롭고 힘들 때 자연은 뜻깊은 선물이고 안락함을 전해주는 친구이다.

아름다운 광경을 볼 때마다 사진이 아닌 자연 그대로의 느낌을 같은 시간에 지인들에게 보여주고 함께 느끼고도 싶었다. 좋은 것은 나누면 배가 되므로 함께 하지 못하는 것이 아쉬웠다. 사진기를 통해 영상으로 보는 것과 직접 자연 그 자체를 보는 느낌은 다르다. 이런 아름다운 자연을 인간이 훼손하거나 파괴하지 않고 보존하는 것이 중요하다. 과학과 기술이 발전하면서 자연이 파괴되는 것 같아 발전이 무조건 좋은 것만은 아닌 것 같다. 자연으로부터 얻는 여유, 기쁨, 행복감이 얼마나 큰지를 깨닫는다면 아름다운 자연을 가꾸고 유지하는 데 힘을 써야 하지 않나 싶다.

　점점 갈수록 하늘, 산, 바다, 꽃 등 신이 주신 자연을 그대로 받아들이는 행복감이 크게 와 닿는다. SNS의 프로필 배경 사진도 자녀들이 어릴 때는 주로 자녀들의 사진만 올리다가 연세가 좀 드신 분들은 자연 풍경 사진으로 바뀐다. 자녀들에게 손이 덜 가게 되니 자연스럽게 자연에 관심이 많이 가게 되는 것 같다. 자연이라는 선물은 사람이 똑같이 인위적으로 만들래야 만들 수도 없는 것이다. 특히나 햇살이 따사롭고 구름이 뭉게뭉게 떠 있는 푸른 가을 하늘을 보고 있으면 어린아이처럼 마냥 기분이 좋아지면서 바깥으로 나가서 걷고 싶어진다. 고요하고 약간은 적막해 보이는 밤하늘도 좋지만, 맑고 맑은 낮 하늘도 화사하다. 밤하늘에 수많은 별은 크로아티아 여행 시에도 보았다. 유럽에는 아직도 이런 별들을 볼 수 있는 곳이 곳곳에 있다는 것이 부럽기도 했다. 이런 하늘을 보고 있으면 화도 좀 누그러지고 살아있음에 감사하다는 생각만 들 뿐이다. 그 외 다른 생각은 들지도 않는다. 다른 치유법 필요 없이 자연 치유법으로 힘듦을 조금 내려놓을 수 있다고 감히 말할 수 있다. 사람마다 감동을 하고 치유 받을 방법이 다르긴 하다. 독서와 산책이 주는 기쁨을 스위스 와서 더 절실히 깨닫는 계기가 되었다. 시간적 여유가 있으니 자신을 더 자세히 들여다보게 되고 무엇을 할 때 안정감이 생기는지 알게 되었다. 막연하게 알고 있었던 부분이지만 직접 체험해보니 뼛속까지 느꼈다. 인생에 있어 이런 시간이 나를 알아가는 과정으로 필요하다. 별들로 수놓은 밤하늘은 잊지 못할 것이고 그리워질 것이다. 주어진 자연에 고마워하고, 감사하며 우리나라에서도 많은 별을 많은 사람이 공유하면서 볼 수 있는 날이 오기를 기대해본다.

감기에 걸린 가족

17년 9월 5일 한국을 떠나 스위스에 도착하니 약간은 쌀쌀함이 느껴지는 계절이었다. 무사히 도착한 안도감 속에서 지내다 환절기에 환경이 바뀌어 아이들이 아프기 시작했다. 상비약으로 여러 개 챙겨오기는 했으나, 타국에서 아프니 걱정도 되고 잠을 설치게 되었다. 가장 우려했던 일이 벌어진 것이다. 딸은 다행히 가지고 온 약을 먹고 열이 잡혀 며칠 만에 나았는데 아들이 39도 이상의 고열로 나를 긴장시켰다. 병원을 가야 하나 고민하다가 여태껏 봐오던 감기 증상과 패턴으로 좀 지켜보기로 했다. 학교도 결석하고 해열제를 먹이면 열이 좀 떨어지더니 시간이 지나면 다시 고열로 되어 미온수 마사지도 해주면서 며칠 밤을 지새웠다. 예상대로 3일이 지나니 열이 점점 잡혀갔다. 5일이 지나고 열이 완전히 내리지는 않아 혹시나 단순 열감기가 아닌 다른 원인이 있을까 봐 불안한 마음이 생겨 종합병원 소아청소년과를 방문했다. 건강보험이 되지 않아 개인이 의무적으로 사 보험에 가입해야 한다. 그래야 개인적으로 병원비 지출을 줄일 수 있다. 사 보험에 가입비를 지급하고 진료를 본 후 병원비를 내고 사 보험에 청구하면 돌려받는 방식이다.

우리는 한국에서 보험에 가입하여서 사 보험은 따로 가입하지 않은 상태였다. 접수창구에서 사 보험에 가입하지 않았다 하니 병원직원이 매우 놀란 표정이었다. 왜 그런가 했더니 병원비가 60만 원이나 나온다는 것을 알고 직원의 놀란 표정을 이해할 수 있었다. 비싸리라 예상은 했지만 터무니없이 비싸서 눈이 휘둥그레졌다. 감기로 진료 보고 한 번에 60만 원을 내야 한다니 무서운 나라 같았다. 한국에서 가입한 보험회사에 청구하면 돌려받을 수는 있지만 번거로운 일이기도 하고 고민하다가 응급 상황도 아니고 점점 호전되는 시기인 것 같아 병원 시스템만 관찰한 후 귀가하였다. 직감대로 2일 후부터 아이는 건강을 되찾아서 학교에 다시 등교하기 시작했다. 병원에서 오랜 시간 기다렸어야 했는데 그냥 나오기를 잘했다 싶었다. 큰 고비가 찾아왔는데 간호해주느라 몸은 힘들었지만 큰 질병이 아님에 감사한 마음이 들었다. 나중에 현지인에게서 들은 이야기인데 감기에는 약도 잘 안 주고 휴식을 취하라는 메시지를 의사로부터 듣는 경우도 많다고 한다. 유럽에서는 항생제도 흔하게 처방해주지 않는다고 들었다. 한국에서는 병원 문이 활짝 열려 있으니 약을 많이 먹게 되고 약에 대한 내성과 부작용이 생기기도 한다. 약값도 저렴하고 쉽게 구할 수 있어 약에 대한 의존도도 높다. 약도 선별적으로 잘 먹어야 약이 되지 잘못 먹거나 남용하면 독이 된다. 올바른 복용법도 중요하다.

3월이 되어서는 기온이 25도 정도 되는 날씨였다가 다음날은 10도 정도로 떨어지면서 비바람이 부는 날이 많았다. 날씨의 변화가 극심했다. 곧 여름이 올 것 같은 날씨였다가도 갑자기 추워져서 10도 내외로 되니 다시 감기가 걸린 것이다. 이미 감기에 걸렸던 경험이 있어서 크게 걱정되지 않았고 휴식을 취하게 한 후 상비약을 며칠간 먹였더니 가볍게 감기가 지나갔다. 나 또한 감기에 걸렸을 때 직장을 다니지 않아 아파도 계속 휴식을 취할 수 있는 여건이 되어 다행이다 싶었다. 역시 감기에는 치료를 해 주는 약이 있는 것이 아니라 충분한 휴식이 해결해 주는 방법이었다. 약은 보조 수단일 뿐인데 한국에서는 빨리 낫게 해준다는 생각과 일을 해야 하기에 약을 선호하게 되었다. 감기 외에는 병원을 갈 정도로 큰 질병이 걸리지 않고 잘 자라주어 다행이었다.

사 보험에 가입하지 않으면 경제적으로 부담이 되어 병원도 찾지 못하는 경우도 있을 것으로 예상되었다. 전 국민 건강보험이 되어 있는 우리나라가 천국이었다. 외국 나가보면 우리나라의 건강보험으로 인해 정말 많은 혜택을 받고 있다는 것을 뼈저리게 느낀다. 삶도 풍족하게만 살면 풍족한 것에 감사할 줄 모르다가 없는 곳에 가면 풍족했음에 감사한 생각이 든다. 약국에서 판매하는 약값의 비용은 어떤가 싶어 약국도 가보았다. 가지고 온 상비약과 다른 것이 있을까 싶어 약국에 가서 열감기로 인한 약을 추천해 달라 했더니 가지고 있던 해열제 성분과 같은 것을 권해 주었다. 하루에 3번 3일 복용하는 약인데 약값이 약 4만 원이나 했다. 약값에 놀라서 다시 한 번 눈이 휘둥그레졌다. 우리나라에서는 어린이 해열제 시럽이 한 병에 몇천 원인데 터무니없이 비싼 약값의 금액 차이가 상상을 초월했다. 말로만 듣던 경험을 하고 나니 더욱더 아프지 않도록 건강관리에 힘써야겠다는 생각만 들었다. 타국에서 아이들이 아프니 우리 부부는 서로 신경이 예민해지고 날카로워진 모습을 보이기도 했다. 반면에 감기로 인한 폭풍이 지나가니 가족의 돈독함이 더 생기기도 했다. 힘들 때 함께해주고 지혜롭게 지낼 수 있는 것은 가족의 힘으로부터 나오는 것이다.

병원을 찾지 않도록 어릴 적부터 면역력을 키워주기 위해 운동을 많이 시키는 것 같다. 태어 난 지 1년도 안 되었을 때부터 수영장에 데리고 오는 경우도 봤다. 어린이집에서도 계절에 상관없이 매일 산책을 하는 등 추위에 노출시켜 감기게 잘 걸리지 않게 한다. 갓 태어난 신생아로 보이는 아기도 수영장에 데리고 와서 함께 어울리는 것을 보면 마냥 신기했다. 우리나라에서 신생아는 감염될 것 같아 사람 많은 곳에 데리고 가지도 않고 아기가 너무나 작아 조심스러워 수영장 갈 생각도 하지 않는데 스위스 부모들은 아무렇지도 않게 데리고 온다. 산모들도 출산 후 몸조리를 따로 하지 않고 일상처럼 바로 생활하니 색다르게 느껴졌다. 우리나라와 다른 문화에 대한 것을 직접 보고 흥미로운 것들이 많았다. 우리 아이들도 겨울에 춥다고 집안에서만 놀게 하지 않고 밖에서 뛰어놀 수 있도록 하여 건강한 몸과 마음을 만드는 것이 스위스에서의 미션이었다. 기온 차의 변화가 많이 나는 환절기에 감기에 걸리는 이유가 면역력이 떨어지고 피곤이 누적된 상태에서 추위에 민감해져 우리 몸에 바이러스가 침투하여 질병을 일으키는 것이다. 체온을 많이 높이지 말고 선선하게 유지한다면 추위가 찾아와도 기온 차를 크게 느끼지 못해 감기에 덜 걸린다고 들었다. 집안의 실내온도도 높지 않게 하여 건조하지 않은 상태로 환기를 자주 시켜 주면서 건강에 신경을 썼다.

항상 건강이 제일 중요했고 건강만 유지된다면 크게 걱정할 일도 없었다. 특히나 해외 나가서 아프면 더 서럽게 느껴지고 걱정이 앞서므로 귀국 날까지 가족 모두 건강하기만을 기도할 뿐이었다. 다른 질병 없이 몇 번의 감기로 인한 고생 외에는 건강한 모습으로 지내다가 귀국할 수 있었다. 한국에 가서도 야외 활동을 꾸준히 할 수 있는 여건을 만들어 주어야겠다고 생각했다.

곳곳에 흡연자

스위스에 가서 놀랐던 사실이 2가지 있다.

안정적이고 1인당 국민소득도 높은 나라인데 자동차는 상대적으로 작다는 것과 길거리에서 여성을 포함한 흡연자를 흔히 볼 수 있다는 것이었다. 담배의 종류도 엄청 많고 금액도 약 만 원 이상으로 저렴하지도 않은데 흡연자가 많다는 사실에 놀라웠다. 보통은 담배를 스트레스 풀기 위한 수단으로 피운다고 생각하고 있었다. 그런데 행복지수가 높은 나라에서 왜 흡연자가 많을까라는 궁금증이 생겼다. 건강에 악영향을 주는 매개물인데 아이들 앞에서도 흡연하는 엄마들을 보면 이해가 되지 않았다. 놀이터에서 아이들이 뛰어 노는 것을 지켜보면서 담배를 피우고 있는 엄마들도 볼 수 있었다. 그 아이들도 어릴 적부터 흡연에 노출되어 있어 성인이 되기 전부터 흡연할 확률이 비 흡연자의 부모보다는 높으리라 추측된다. 유럽 곳곳 여행을 하면서 보니 유독 스위스 여성들의 흡연자가 자주 눈에 띄었다. 우리 딸도 스위스는 다 좋은데 흡연자가 너무 많아 싫다는 이야기까지 했을 정도였다. 우리나라는 흡연을 규제하고 금연구역이 점점 확대되고 있는데 스위스에는 길거리 흡연자가 많다 보니 우리 아이들이 길을 걷다가도 숨을 쉬지 말라고 말하는 경우가 종종 있었다. 다 같이 코를 막고 숨을 참으며 흡연자가 지나갈 때까지 기다리는 웃긴 풍경이 그려지기도 했다.

인터넷을 검색해 보니 스위스에서는 담배가 각자의 기호식품으로서 흡연구역을 정해 놓는 것조차 반대하는 사람들이 많다는 것을 알게 되었다. 개인의 취향을 서로 존중해줘야지 법으로 정해서 못하게 하는 것은 국민들이 원하는 법이 아니라는 것이다. 재미있는 기사는 흡연자가 많으면서도 스위스인들은 스스로가 건강하다고 생각하는 비율이 우리나라보다도 2배가 높다고 한다. 건강에 자신 있다고 생각해서 흡연을 많이 하는 것인가? 라는 생각도 들었다.운동을 많이 하므로 담배를 피워도 된다고 생각하는 건가? 라는 생각도 했다.

개인적으로는 친인척 중 흡연자가 없어서 아이들 앞에서 담배 피우는 어른들의 모습에서는 눈살이 찌푸려지게 되었다. 이것도 문화의 차이인지라 처음에는 담배 냄새가 싫어 인상을 쓰게 되었고 낯설었지만, 시간이 지나니 적응이 되었다. 좋아하는 음식이 다르듯이 담배도 기호 식품이라 생각한다면 이해하지 못할 것도 없었다. 담배 냄새를 싫어하는 사람이 피해서 다닐 수밖에 없었다. 희한하게도 담배를 피우는 사람이 많은 것에 비해서 거리에 침을 뱉는 사람도 없었고 거리는 깨끗했다. 흡연자로부터 풍기는 퀴퀴한 냄새도 나지 않았다. 그런 점들은 기존 흡연자에게 볼 수 있었던 모습과는 다른 모습이었다. 운동도 담배도 본인들이 좋아서 선택하는 항목 중 하나일 뿐이라고 해석되었다.

평소에 흡연했던 사람이 임신했을 때는 어떻게 하나 싶어 현지인들에게 물어보니 다행히 임신 기간에는 담배를 피우지 않는다고 한다. 무지하지 않다면 당연히 금연해야 할 것이다. 흡연자들이 임신했을 때는 그나마 아이를 위해 참고 견뎌내는 것이다. 습관처럼 피던 것을 안 한다는 것이 쉽지는 않을 텐데 엄마로서 인내하고 기다리는 모양이다. 흡연자가 많을 거라는 것은 예상하지 못한 부분이라 의아해했다. 공기 청정지역이라는 말을 많이 들어 자연 속에서 좋은 공기만 마시며 살 줄 알았는데 그게 아니었다. 보지 않아 알지 못했던 새로운 사실을 알게 되었다. 기존에 막연하게 가지고 있던 선입견이었다고 생각된다.

한편으로는 흡연 구역을 정하자는 것에 대해 반대한다는 것이 공동체를 생각하기보다는 개개인의 생각을 중요시하는 문화라는 생각도 들었다. 흡연자가 많다 보니 흡연 구역을 많이 정해 놓고 제한한다는 것은 개인의 자유를 뺏어버린다는 측면으로 볼 수도 있다는 것이다. 마트도 토요일에는 일찍 문을 닫고 일요일에는 쉬는 등 고객보다는 개인의 삶의 질을 향상시켜 주기 위한 시스템으로 보여 진다. 이런 예처럼 한 사람, 한 사람의 삶이 소중한 것이고 각자 인생에서 즐기고 싶은 것을 즐길 수 있는 환경과 문화를 인정해주는 것으로 풀이된다. 국민의 의견을 소중히 받아들이고 각자의 삶의 질 향상을 위한 면으로 보았을 때는 우리나라보다는 행복지수가 높겠다는 생각이 들었다.

담배도 개인의 선택에 의해 흡연자가 된 것을 자초한 일이라 각자가 알아서 할 일이기는 하다. 본인이 선택한 것에 책임을 지고 타인에게 큰 피해만 주지 않는다면 문제 되지는 않는다. 흡연에 대해서 각자 즐기는 방식을 존중해주고 수용해야 할 필요가 있다는 방향으로 생각해 보는 기회가 되었다. 흡연뿐 아니라 어떤 문제에 대해서도 편협한 사고에 그치는 것이 아니라 편견을 버리고 다른 시각으로 바라볼 필요성이 있겠다.

가보지 않은 길에 대한 두려움

사람은 누구나 해보지 않은 것에 대한 두려움은 약간씩 있다.

어떤 문제냐에 대한 차이가 아니라 마음 상태에 따라 다가오는 두려움의 크기가 다르다. 나 자신을 가만히 지켜보면 개인적인 도전이나 회사에서 새로운 업무를 줘도 두려움이 크지는 않았던 것 같다. 물론 두려움이 제로 상태에서 시작하지는 않는다. 오히려 겁 없이 시도했다가 그 일을 하면서 두려움을 더 느낄 때도 있다. 일을 결정하는 데 있어서 시간이 오래 걸리는 편이고 결정하고 나면 앞만 보면서 진행하는 타입이다.

신입 간호사 시절에도 환자를 대상으로 주사를 놓거나 치료를 할 때도 다른 사람들에 비해 겁내지 않았다. 밤 근무하는 것이 힘들었지 간호사 업무로 인한 스트레스가 크지는 않았다. 호주로 어학연수를 갈 때도 두려움은 있었지만 혼자서 묵묵히 헤쳐나갔다. 뉴질랜드 여행, 재취업 도전, 출산할 때 등 모든 것이

처음 해보는 일인데 두려움에 떨지는 않았다. 모든 것을 자연의 섭리로 받아들였고 억지로 만들려 하지 않고 흘러가는 대로 수용하려 했다. 지금도 그런 생각으로 살아가고 있다. 두렵고 무서운 마음을 가지기 시작하면 끝없이 깊게 들어간다. 무지에서 나오는 용기가 필요한지도 모르겠다. 많이 알면 알수록 두려움이 더 생기는 것도 있다. 홍수처럼 쏟아지는 정보와 인터넷에 올라온 글을 보고 미리 겁을 내고 시도도 하지 못하는 경우도 생긴다. 남의 말이나 글에 집중하지 말고 되든 안 되든 해보고 싶은 것은 본인이 직접 해보고 깨달아야 한다. 누군가에게 힘든 일이 나에게는 쉬운 일이 될 수도 있다는 것이다. 누군가에게 쉬운 일이 오히려 나에게 어려운 일이 될 수도 있다. 직접 해봐야 알 수 있다.

무엇인가 새롭게 시작할 때 좋은 방향만 생각하려 하면 두려움이 조금씩 줄어든다. 모든 사람은 누구나 한 번도 해보지 않았던 길을 가는 것이라 누구도 완벽하게 알려줄 수도 없고, 결정해주지도 않는다. 스스로가 결정하고 선택해서 책임까지 져야 한다. 각자가 지니고 가야 할 일인 것이다. 어떤 일을 시켰을 때 처음부터 징징거리고 못 하겠다고 하는 사람들 보면 안타깝고 이겨내는 힘을 기를 수 있도록 옆에서 도와주고 싶은 마음이 생긴다. 많이 도와주는데도 하려고 하지 않는 사람은 그냥 내버려 두는 수밖에 없다. 그냥 그대로 살아가는 것을 그 사람의 몫으로 생각해야 한다. 안 되는 사람을 강하게 밀어붙이기만 하면 대형 사고가 날 수도 있다. 그렇다고 못하는 일을 무조건 떠안고만 있는다고 좋은 것은 아니다. 정말 못 할 것 같은 것은 못하겠다고 말할 수 있는 용기도 필요하다. 상황에 맞게 적절히 표현하고 판단해야 한다.

혼자도 아닌 가족이 함께 흙과 모래가 있는 비포장도로를 시멘트로 메꾸어 가며 매끈한 고속도로로 만드는 과정을 경험해야 한다고 생각하니 가슴이 벅

차올랐다. 부딪히고 깨지면서 알아가야 할 것들이 얼마나 많겠는가에 대해 떠올랐다. 스위스에 정착하여 산 지 한 달 넘었을 때 아이들 학교가 방학 기간이라 갑작스럽게 3일 만에 이탈리아, 크로아티아 자유여행 계획을 짜야 했다. 해외 자유여행 계획을 길게 세워보지도 않았고, 숙소부터 시작해서 렌트까지 하나하나 알아보고 선택하는데 쉽지가 않아 머리가 아플 지경이었다. 남들의 자유여행은 멋있어 보이던데 직접 가려니 수월한 작업은 아니었다. 결과만 보고 부러워하고 과정을 몰랐기에 남들의 자유여행이 멋있게만 보였던 것이다.

이탈리아와 크로아티아의 지도를 보며 꼭 가보고 싶었던 장소에 따라 교통수단도 정하여 예약해야 했다. 그 나라에 대한 음식, 언어, 위치, 교통수단, 사람들 성향 등에 대해 공부하게 되면서 두려움도 줄어들었다. 자유여행을 한 번 해보고 나니 다른 나라 여행할 때는 쉽게 결정하고 계획할 수 있게 되었다. 그 다음 자유 여행지였던 독일, 프랑스, 오스트리아, 헝가리, 스페인, 체코, 폴란드 등의 여행 시에는 두려움보다는 새로운 문화와의 만남으로 설렘만 가득하며 즐기기 시작했다. 해보지도 않는 사람들의 말을 전적으로 믿고 따를 필요도 없고 직접 해보고 그때의 느낌, 생각을 나만의 것으로 만드는 것이 중요하다.

하루는 집 앞에 있는 운동장만 돌다가 사람들이 오가는 앞산이 보이기에 산책길도 있나 싶어 가보았다. 숲이 울창하고 인적이 드물어 보여 가기가 좀 꺼려졌지만, 사람이 다니는 길이 있어 갈 수 있겠다 싶어 발을 들였다. 그 동네에 산 지 2개월이나 넘어서 그 산책길을 알게 된 것이 후회스러웠다. 쭉쭉 뻗은 나무 사이를 걷노라면 자연 휴양림이라 할 수 있을 만큼 마음의 안식처처럼 느껴지는 곳이었다. 그 길이 있다는 것을 알고는 있었지만 가보지 않았다면 좋은 곳인 줄도 모르고 누리지 못했을 것이다. 이렇게 좋은 산책길을 놓칠 뻔한 사실이 나의 국한된 활동 범위 때문이라 생각했다. 매일 가는 운동장만 걷다가 잠시 한눈을 파니 옆에는 더 좋은 산책길이 있었다. 보는 것만 보지 말고 듣는 것만 듣지 말고 가본 길만 가지 말고 다른 것을 보고 듣고 가보는 것도 인생에 있어 큰 이득이 된다는 것을 깨달았다. 가끔은 익숙하지 않은 것에 대해 도전해보면서 알지 못했던 자신의 모습도 알게 된다. 글 쓰는 공부를 해 보지 않았다면 책을 출간하는 꿈도 꾸지 못했을 것이다. 나랑은 전혀 상관없는 일로 생각하고 도전해보지도 않았을 것이다. 중년의 나이에 글 쓰고 책을 읽는 것이 큰 행복감을 준다는 것을 알게 되어 얼마나 감사한지 모른다. 알지 못했던 취미 생활을 찾은 것에 기쁘게 생각한다. 작은 것만 보고 살면 작은 사람으로만 살아가는 것이다. 생각을 전환하여 두려움을 줄이고 해 볼 수 있는 것은 해봐야 죽기 전에 잘 살았다는 생각이 들 것이다. 죽기 전에 후회를 전혀 하지 않을 수는 없지만, 이왕이면 덜 하면서 눈을 감아야 미련이 남지 않겠는가! 그러기 위해서는 한 번뿐인 인생을 내가 어떻게 살아가야 할지를 고민하는 시간을 많이 가져야 한다. 아무리 현실에 만족하는 삶을 살고 있더라고 해보지 않은 것들이 수없이 많다. 몰라서 못 했던 것들도 찾아보고 도전하고 이겨내는 것도 삶의 재미이다. 그것이 나 자신을 알아가는 방법이기도 하다. 무엇을 좋아하고 무엇을 하면 행복한지도 해봐야 알 수 있는 것이기 때문이다. 다른 사람보다 조금 느리게 간다고 크게 문제 될 것도 없다.

간호사 생활만 쭉 하다가 쉬지 않고 바로 우리 회사에 재취업한 후배들도 중간에 쉬면서 다른 것에 도전을 해 보지 않은 것에 후회하는 사람들을 많이 보았다. 막상 지금이라도 해보라고 권하면 실제로 도전하지 못하고 우물쭈물하다 끝나는 경우가 있다. 생각만 있지 용기가 나지 않는 것이다. 20대 중, 후반에 이것저것 딴짓을 해봐서 그런지 여태까지 살아온 것에 후회는 없다. 미국에서 홈스테이로 살아보기, 호주에서의 생활, 임용시험 도전, 산업 간호사 면접, 백화점 의무실 간호사, 공기업 취업, 상담대학원 등 다양한 경험을 하며 살아서 결과와는 상관없이 만족하고 있다. 하고픈 일을 해봤고 그 결과로 이렇게 살고 있고 지금도 또 하고 싶은 것을 하고 있으니 끊이지 않는 도전이 즐겁다. 도전이 잦으면 두려움도 무뎌져서 덜 느끼게 된다. 워낙 여기저기서 깨지고 단련이 되어 무엇을 하든지 불안감이 적어지고 부딪히는 것에도 덜 상처를 받고 살아가게 된다. 20대 때부터 다져진 깡인 것 같기도 하다.

누구나 가지고 사는 약간의 두려움을 당연시하면서 그 두려움 끝에 가서는 만족감으로 바뀔 수 있도록 시도해보는 것이 가치 있는 삶을 살게끔 만들어 준다. 실패와 좌절이 분명히 찾아오지만 그것을 딛고 일어서면 다시 성공과 기쁨이 온다는 것을 잊지 않았으면 좋겠다.

우리 가족은 작은 이삿짐센터

아이들 학교 일정에는 방학이 자주 있다.

학교를 한 달이나 한 달 반 정도 다니다 방학이 2주씩 찾아온다. 8월에 새 학기가 시작되어 크리스마스 겨울 방학, 부활절 방학, 카니발 휴가 등 방학이 많았다. 원래 스위스에서 지내는 목적이 주변국 유럽 여행도 있었기 때문에 방학이 되기 전 어느 나라를 여행할 것인지 정하여 계획을 세웠다. 여행지로 정한 나라에 대해 집중하면서 공부한 다음 여행지, 숙소 등을 예약하고 출발 2일 전부터 머물고 있던 스위스 숙소에서 짐을 싸기 시작한다. 숙소를 그대로 놔두고 가면 여행가서의 숙소비용과 중복이 되기 때문에 어쩔 수 없이 짐을 빼야 했다. 처음 여행 시에는 갑작스럽게 스케줄이 잡혀서 스위스 숙소 비용을 이미 지급한 상태로 환급이 안 되어 지출이 많아 속상한 적도 있었다. 그 후로는 절약하기 위해 미리 스케줄을 정해서 불필요한 지출을 없앴다. 숙소를 비우기 위해 살림살이를 미리 빼서 아파트 관리인에게 양해를 구한 후 짐을 지하 창고에 맡겨놓고 여행을 다녀왔다. 여행 다녀와서는 다시 그 살림살이를 풀어야 했다. 짐을 여러 번 싸야 했기에 물건을 되도록 사지 않으려고 했지만 살다 보니 하나둘씩 늘어나 어느새 상자로 10박스 이상이 되었다.

처음에는 짐을 싸는 것이 불편하고 큰일 이라 생각되어 마음이 심란 했는데 몇 번 해보니 이것도 익숙해졌다. 아이들의 방을 꾸며주지 못해서 그렇지 간단하게 사는 것도 삶에 효율적인 방법이었다. 그 물건들도 내 인생에서 짊어지고 다닐 짐이라는 생각도 들어 간소하게 살려고 했다. 나이 드신 어른들이 아이들 모두 출가시키고 나면 왜 짐도 점점 줄이고 물건 욕심을 내지 않으시면서 살아가시는지 이해가 되었다.

여행 2일 전부터 다 싼 짐을 지하 창고로 옮기는 작업을 하기 위해 근처 마트에서 카트를 빌려 와야 했다. 엘리베이터를 타고 짐을 옮기기 시작하면 우리의 떠돌이 생활에 대해 웃음이 나왔다. 아이들도 함께 짐을 옮기면서 이렇게 사는 게 좀 웃긴다면서 함께 박장대소한다. 짐을 수시로 싸보아서 요령도 생기고 필요하지 않은 물건은 다시 풀어놓지도 않고 살았다. 우리 가족이 작은 이삿짐센터처럼 느껴졌다.

인간은 무소유로 세상에 태어나서 살면서 인간의 욕심으로 인해 필요 이상의 물건을 구매하게 된다. 스위스에서도 짐을 자주 옮기지 않고 일 년 동안 한 집에서만 머물렀다면 많은 물건을 구매했을지도 모른다. 짐을 싸고 푸는 우리 집만의 이삿짐센터 생활로 인해 간소하게 살 수 있었다. 정해져 있는 집 없이 유럽 각국의 도시에서 숙소를 예약하고 다양한 구조로 지어진 집에서 잠을 자면서 생활해 보는 것 또한 재미였다. 그것도 오랜 시간 지속하니 정착하고 싶어지는 마음이 생기기는 했다. 한번은 스페인에서 휴가철이라 숙소를 구하기 힘든 상황에서 겨우 구했더니 비싼 가격에 창고 같은 숙소에서 자느라 아이들에게 미안해서 잠을 설친 적도 있었다. 온라인상에서 보았던 숙소와는 차이가 크게 나서 실망하고 화가 났지만 다른 숙소가 없어 선택의 여지가 없었다. 이탈리아에서는 늦은 밤 도착해서 숙소를 잘 찾지 못해 깜깜한 곳에서 헤매다가 이탈리아 현지인의 도움으로 차를 타고 숙소까지 데려다주어 목적지에 도착한 경우도 있었다. 전철에서 내려 걷다 보니 공장 근처라 불도 모두 꺼져있고 어둡고 길도 잘 안 보여 막막했는데 다행히 공장에서 나오는 직원분의 도움으로 숙소에 갈 수 있었다. 주변에 택시도 없었고 물어볼 사람도 없어 가족이 함께 있었어도 무섭게 느껴졌다. 그때만 생각하면 아찔하고 도움을 주신 분께 감사한 마음이 든다. 여행을 하다 보면 생각지도 못한 일들이 많이 벌어진다. 당황하지 않고 임기응변에 뛰어난 자세도 중요하다.

이사를 자주 하는 것도 1년이라는 정해진 기간의 삶이라는 생각에 즐거움으로 와 닿은 것이다. 죽을 때까지 집 없이 떠돌이 생활을 하라고 하면 고통스러운 일이다. 다른 삶을 살아보면 가지고 있는 것에 대한 더 큰 감사한 생각이 저절로 든다.

여행도 자주 다녀서 여행 가방 싸는 것에도 요령이 생겨 여행 필수품인 것들로 최대 간소하게 준비한다. 유럽 국가 중 스위스가 가장 익숙해져서 여행 다녀오고 다시 스위스 숙소로 돌아오면 안정감이 들고 편안함이 느껴졌다. 돌아온 숙소는 깨끗하게 정리되어 있어 기분도 좋아졌다. 지하에 있던 짐을 옮기고 풀면 내 집처럼 느껴졌고 일상으로 돌아오면 안락함도 찾아왔다. 아이들도 여러 번 짐을 옮겨봐서 능숙하게 한 사람 몫을 하며 짐을 옮겨다 준다. 도움을 주는 아이들의 모습을 보면 육체적으로도 성장했다는 것도 보이고 뿌듯한 생각이 들었다. 마냥 어린아이처럼 보이던 아이들이 이제는 부모를 도와 주려 하고 서로 분배하여 일하려는 모습은 왠지 가슴이 뭉클해져오기까지 했다. 여행을 통해 몸과 마음이 커가는 모습에 하나씩 깨닫는 것들이 생긴다.

　딸은 본인의 짐은 2개의 상자에 차곡차곡 정리해 가면서 늘 깔끔하게 싸 둔다. 따로 신경 쓰지 않아도 본인 일은 본인이 챙기면서 해주니 일도 수월해지고 고맙기도 했다. 책임감을 느끼고 할 수 있는 일을 주게 되면 끝까지 해내는 근성을 가질 수 있는 훈련이 된다. 부모에게 의존하지 않고 스스로 결정하고 해야 할 일은 할 수 있도록 느긋하게 기다려주고 격려해주는 것이다.

　우리 집 작은 이삿짐센터가 고된 작업이기는 했지만, 아이의 성장하는 모습을 볼 기회도 되었고 쉽게 해볼 수 없는 경험이었다. 문제가 생기면 문제 해결법도 익히면서 생활에 도움이 되었다. 살면서 다가오는 문제들을 잘 해결하는 사람이 살아가는 데 유리한 세상이다. 주체적인 사람으로 주도적인 삶을 살 수 있는 아이들이 되었으면 좋겠다. 때로는 짐을 싸고 풀었던 시절이 다시 그리워지기도 한다.

나에게 스위스는

가족이 함께하는 시간도 중요했지만, 혼자만의 여유로운 시간을 가질 수 있기에 그 시간 활용법에 대해 고민 했었다. 진정으로 하고 싶고 즐길 수 있는 삶에 집중하며 몰입하고 싶었고 남에게 뭔가를 보여주려 애쓰지 않는 삶을 살고 싶었다. 아이들이 학교생활 적응을 잘할 수 있는 뒷받침 외에는 오직 내 삶의 리듬과 패턴대로 틀에 얽매이지 않는 나만의 자유주의 국가로 여겨졌다. 누구의 간섭이나 잔소리도 없었고 오로지 가족만 챙기면서 살 수 있는 환경에 마음이 편안했다. 눈치 볼 것도 없고 나를 알고 있는 사람이 없는 곳에 있으니 색다른 편안함으로 자유로웠다.

결혼 후 아이들 키우며 직장 다니기가 쉽지 않은 일이었다. 공감과 위로가 필요한 시기에도 혼자서 이겨내야 했고 자존감을 높이기 위해 자신이 노력해야 했다. 출장 부서에서 1년 동안 일할 땐 몸이 많이 지쳐있었고 쉼이 필요했다. 대상포진까지 걸려 병가를 내기도 했다. 그러던 중 아빠께서 병원에 입원하시고 간호해드리기 위해 서울을 오가며 지내다가 아빠의 임종까지 큰일을 치르게 되었다. 갑자기 인생의 허무함도 찾아왔다. 죽음에 관해 생각하게 되고 어떻게 살아가야 할지에 대해 고민하게 되었다. 나에게 쉼은 필연적으로 다가왔고 아빠께서 주신 선물처럼 느껴졌다. 가끔 쉼이 주어졌을 때 편하게 즐길 줄 모르고 뭔가를 해야 한다는 강박적인 생각에 사로잡히기도 했다. 스위스에서의 1년은 정말 나를 들여다보는 시간을 가지겠다고 다짐하며 누구의 시선도 의식하지 않고 아이들만 돌보며 나를 들여다보고 하고 싶은 것을 하는 시간을 많이 가지려 노력했다.

한국 교민이 많은 외국에서는 교민 사이에서도 뒤처지지 않기 위해 경쟁하며 스트레스를 받는다고 한다. 타국에 이민까지 와서 고생하며 살아가니 더욱 더 잘 돼야 한다는 강박적인 마음이 생기게 마련이다. 고통 속에 버티고 견디며 지내면서 자국에 있을 때보다 몇 배 힘들어했으니 멋진 결과물을 내고 싶어 하는 마음이 생길 것이다. 워킹 홀리데이 비자로 호주에 가서 학교 졸업장이나 취업 등의 결과물을 얻지 못하고 한국으로 귀국을 결심했을 때 괜히 수치심을 느끼고 창피해했던 기억이 난다. 누구도 내가 호주 다녀왔는지도 기억하지 못하는데 혼자서 주눅 들고 남들이 날 어떻게 생각할까를 생각하며 스스로 자존감을 떨어뜨린 것이다. 그 당시에는 쥐구멍에라도 들어가고 싶은 마음이 있었지만 어리석은 생각이었다는 것을 나중에 깨달았다. 각자가 자신 일을 하느라 바빠서 남에게 큰 관심을 두지 않는다. 순간에만 이야기가 오고 갈 뿐 시간이 지나면 기억 속에서 지워진다. 남에게 초점을 맞추기보다는 자신에게 초점을 맞추고 살아가는 것이 현명한 일이다. 자신이 당당하게 잘 지내 왔고 깨달음을 얻었으면 앞으로 어떻게 살아야 할지에 대해 시간을 투자하면 된다. 그 일을 경험하고 나서는 남이 나를 어떻게 생각하느냐에 신경 쓰지 말자는 다짐을 했다.

스위스에서 1년 동안 살면서 한국인이 많지 않아 더 좋았다. 남의 눈치를 살필 필요도 없고 남에게 비위를 맞추며 하기 싫은 것을 하지 않아도 되고 보여주기 위한 꾸밈도 없이 완전 주도적인 삶을 살았다. 모르는 외국인만 있다고 무례하거나 예의 없는 행동을 한 것은 아니다. 필요 없는 것에 신경 쓰는 시간을 단축하고 온전히 나를 들여다보는 시간을 많이 가졌다는 뜻이다. 시간에 쫓기지 않으며 자유를 만끽하며 편하게 생활했다는 것이다. 아침에 일어나면 헝클어진 머리를 하나로 묶어 간단한 옷차림으로 운동장에 나가 열심히 조깅하고 주변에 사람이 없을 때는 소리 내어 강의 연습도 했다. 음악 들으며 걷는 것을 좋아해서 점심 식사 후에는 앞산에 가서 산책하고 저녁에는 또 운동장에 나가 뛰었다. 아침 식사는 간단히 샐러드와 과일을 먹고 오전에는 글쓰기에 몰입하는 시간이 너무나 행복했다. 여태껏 생각해오던 것들을 정리하며 글 쓰는 시간을 가지면서 재미있다는 것도 알게 되었다. 좋아하는 음악도 듣고 좋은 강의도 들으며 나의 가치관대로 나태해지지 않으려고 자극도 주었다. 다시 한국에 돌아가면 일상생활 패턴이 한눈에 보이기 때문에 주어진 시간을 마음껏 긴장감 없이 여유 있게 보냈다. 좋아하는 것들로 하루를 채워가니 하루는 금방 지나갔고 잠자기 위해 침대에 누우면 잘 지내고 있는 것 같아 뿌듯한 생각이 들었다. 한국 가서는 이 시간이 많이 그리워질 테니 충분히 즐기기 위해 하루하루를 열심히 보냈다.

조직 내에서는 상사나 동료들과 상생하려면 서로 맞춰주고 배려하며 지내야 하는 분위기가 형성되어 있다. 내 방식대로만 행동하면 어울리기 힘들고 업무도 잘 풀리지 않는다. 인간관계가 힘들어 퇴직하는 사람들도 늘어나고 있다.

공동체 생활에 필요한 요소이기는 하지만 많은 부분에 남을 의식하며 산다는 것은 피곤한 일이기도 하다.

대부분 사람들이 인식하고 틀에 맞추어진 살아가는 순서가 있다. 대학 졸업하면 취업해야 하고 취업하고 나면 결혼하고 그다음 아기 낳고 얼마 있다가 집도 마련해야 하고 이런 정해놓은 순서대로 살지 않으면 주변에서 걱정도 한다. 남들은 잘 진행되는 일인 것처럼 보이는데 잘 안 풀릴 때는 고민이 되고 속상해진다. 사람마다 삶의 속도가 모두 다르므로 자신의 속도에 맞춰 살아내는 힘이 필요하다. 아이들이 말하거나 걷기 시작하는 시기도 사람마다 다르지 않은가! 누구와도 비교할 필요가 없는데 자꾸 남과 비교하게 되는 것이 한국 사회의 문제점이다. 부모들의 영향도 많은 부분 차지한다.

내 의지대로 지내고 마음이 편해지니 잠재되어 있던 에너지도 생기고 웃음이 끊이지 않고 긍정적인 사고를 하게 되었다. 이런 시간을 가지고 나서 한국 가서는 다시 일상에 젖어 살겠지만, 그것이 나의 주어진 삶이라 생각하며 마음가짐은 달라질 것 같다. 할 수 있는 일이 있다는 것에 감사한 생각이 들기도 한다. 쉼의 기간으로 1년이 적당했고 앞으로 살아갈 날이 멋지게 펼쳐질 수 있도록 기반을 닦을 수 있는 시간이라 생각되었다.

편안했던 스위스에서의 생활에 만족했고 살아가는 동안 또 하나의 그리움으로 떠올릴 수 있어 행복하다. 자유와 평화를 주었던 시간으로 오랫동안 마음속 깊이 간직하고 살아갈 것 같다. 앞만 보고 달리다가 시간적, 공간적 여유를 누리니 더욱더 값지게 다가왔다. 나만의 자유주의 국가에서 충분히 자유를 느꼈으니 이제는 자유를 다시 조금 뺏겨도 덜 지칠 정도로 내공을 쌓았다. 재충전의 시간을 가지는 것이 인생의 가치를 높여주는 일이라 생각한다.

집에서는 미용사

남편과 아들은 한 달에 한 번 미용실 가는 것이 월례행사이다. 미용과 관련된 비용도 오르고 유명한 헤어 디자이너 이름을 걸고 운영하는 미용실은 정말 터무니없이 비싸서 여자들은 자주 이용하는데 부담이 간다. 스위스에서는 한국 비용의 2배 이상 비싸니 집에서 직접 이발을 해주어야겠다고 생각했다. 딸 아이는 중학생이 되면 어차피 단발로 해야 한다며 계속 기르고 싶다고 하여 신경이 안 쓰였다. 남편과 아들이 문제였다. 1달이 조금 넘으면 지저분해 보이고 머리카락이 귀를 덮으려 하면서 장발이 되어 갔다. 장발로 길러보라고 권해 보았지만 답답해서 기르지는 못하겠다고 해서 직접 미용사를 자처한 것이다.

한 번도 이발을 배운 적도 해 본 적도 없지만, 미용사들이 이발하는 모습을 본 경험으로 시도했다. 미리 준비해온 미용 가위를 꺼내고 보자기를 두르게 한 후 이발에 들어갔다. 처음에는 좀 떨리기도 하고 양쪽 균형이 맞지 않게 깎일까 봐 조심스러워서 시간이 오래 걸렸다. 신기하게도 재미는 있었다. 다른 사람 머리카락을 자르는데도 시원한 마음이 들고 가위손이 되어 자유롭게 자른 다는 것이 홍미로웠다. 이발 후의 모습도 나쁘지는 않았다. 우려했던 것보다 쉽게 느껴졌고 변화된 모습에 자신감이 붙어 집에서는 1년 동안 미용사가 되기로 했다. 미용사 역할자의 마음보다 이발을 받는 입장이 중요한데 다행히 생각보다 만족스러워했다.

아들은 이발하는 동안 움직이지 않는 것이 힘들어 간혹 삐뚤게 잘린 적도 있지만 어려서 그런지 크게 문제 삼지도 않았다. 웃기기도 하고 이렇게까지 해야 하나라는 생각이 들다가도 언제 미용사 역할도 해보나 싶어 색다른 체험이라 여겨졌다. 없으면 없는 대로 살아가게 마련이다. 시간이 흐를수록 이발 솜씨도 좋아져서 단 시간 내에 2명의 이발을 마치고 흡족해했다.

예전에 텔레비전에서 산속 깊은 외딴곳에 살며 구석기 시대처럼 자급자족 하면서 먹거리부터 모든 것을 혼자 해결하면서 지내는 모습을 보았다. 사람은 환경에 맞추어 살아가게끔 되어 있어 할 수 없을 것 같은 일들도 척척 해내며 살아가게 된다. 주어진 환경을 이용하면서 상황에 맞춰 지혜롭게 살아가는 것이 중요하다. 남들의 눈치에 신경 쓰지 않아도 되는 환경이라 더욱더 집에서 이발할 수 있었다.

하루는 내 머리카락도 많이 길어져서 자르고 싶은 마음에 스스로 이발을 해 봐야겠다고 생각했다. 셀프 이발에도 도전한 것이다. 머리카락 숱을 치는 가위가 있어 혼자 신문지를 깔고 속에 자란 머리카락부터 많이 잘라내었다. 머리카락 길이도 자르고 나니 머리 감은 후 마르기도 훨씬 수월하고 간편하여 만족스러웠다. 긴 머리카락이라 잘라도 별 티가 나지도 않았다. 혼자 살아도 안 되는 일이 많지 않겠구나 싶었다. 물론 전문가의 손길을 따라 갈 수는 없지만, 보

기 흉할 정도로 이상하지도 않았고 머리끈으로 묶고 다녔기 때문에 눈에 띌 정
도로 이상하지 않았다. 이렇게 절약하면서 사는 모습이 궁색이라고 이야기하
는 사람도 있을 수 있지만 내가 할 수 있는 일이 많다는 것에 오히려 대단하다
고 생각한다. 해보지 않은 것을 해 보았다는 것에 재미도 가져다주었다. 아낄
수 있는 것에는 아끼고 여행이나 경험을 위한 지출에는 과감히 소비해야겠다
는 생각을 했고 그것을 실천으로 옮기며 살았다.

  염색약은 마트에서 할인할 때 사 와서 딸과 함께 염색도 하고 모녀간에 함께
하는 추억도 쌓았다. 한국에서 새 운동화를 신고 갔는데 얼마나 걷고 뛰었는지
낡고 찢어져서 딸과 같은 디자인의 운동화도 크기만 달리해서 신고 다녔다. 반
지도 커플링으로 끼고 다녔다. 딸과 함께 해보고 싶었던 것들을 하나씩 실천해
본 것이다. 딸이 초등학생 고학년이 되니 똑같은 것을 함께 해보고 싶은 바람
이 생겼다. 더 크면 창피해서 안 한다고 할 것 같아 이것저것 해보자고 제안하
였다. 의견을 딸이 흔쾌히 받아주어 실행으로 옮긴 것이다.

  할 수 있는 것들은 최대한 해보자는 생각에 맞춰지니 해보고 싶은 것들이 머
릿속에 자주 떠올랐다. 바쁠 때는 생각할 겨를도 없이 흘러가는 시간에 쫓겨서
살았는데 생각하는 힘을 키우니 평소에 생각해보지 못했던 것들이 하나둘씩
생각이 난 것이다. 이래서 사람은 살면서 여유가 필요한 것이다.

  스위스에서는 한국식과 스위스식을 합쳐 만든 퓨전 음식 요리사, 미용사, 작
가로서의 삶에 치중하면서 지냈다. 새로운 역할을 해 보니 색다른 맛이 있고
앞으로도 할 수 있는 일이 무궁무진할 것 같은 느낌이 들었다. 사람은 안 해봐
서 그렇지 해보면 숨겨진 재능을 발견하기도 하고 몰랐던 능력을 찾을 수도 있
다.

  특히 집에서의 미용사 역할은 다시는 해보기 쉽지 않은 역할이라 더 신중하

면서 열중해서 해낸 기억을 잊지 못할 것이다. 얼마나 집중을 했는지 이발을 마치고 나면 땀이 날 정도였다. 미용사 역할에 가족들도 싫어하지 않고 적극적으로 대해 주었으며 만족해주어 편안하게 역할을 마칠 수 있었다. 가족들의 협조가 있어서 진행 될 수 있었던 일이라 기회를 준 것에 고마운 생각이 들었고 즐거운 경험이었다. 무슨 일이든지 못할 것이라 단정 짓지 말고 현명하게 대처하고 시도해본 후 포기를 해도 늦지 않는다는 것을 말해주고 싶다.

제3부
아이들의 추억 쌓기

공립학교 생활

아이들이 학교를 배정받고 드디어 학교 가는 첫날이 되었다.

공립학교 분위기와 어떤 선생님과 어떤 친구들이 기다리고 있을지 기대 반, 걱정 반으로 학교를 방문했다. 루체른 시내에 있는 곳이라 버스를 타고 다녀야 했고 독일어에 익숙하지 않은 외국 아이들로 구성되어 가르쳐주는 반에 배정받았다. 독일어 입문반이면서 음악, 체육, 미술, 수학 등의 과목도 배웠다. 외국인 반이라 이탈리아, 세르비아, 캐나다, 시리아, 중국 등 다양한 국적의 아이들을 만날 수 있었다. 장애아까지 따로 반이 개설된 학교로 선생님들은 대부분 40대 이상으로 보이는 여성분이었다. 학교 건물에 들어가면 한쪽 벽에 선생님들의 이름과 사진이 붙어 있어 선생님들의 모습을 한눈에 볼 수 있었다. 첫날은 교육청으로부터 받은 편지에 적혀 있는 대로 해당하는 반에 찾아가서 인사를 나누고 담임 선생님으로부터 간단한 설명을 듣고 수업하는 모습을 지켜보다가 나왔다. 영어로 소통이 어려운 선생님도 계셔서 어렵게 대화를 이어가기도 했다. 반 아이들이 10명도 되지 않아 덜 걱정되었고 선생님들의 친절함에 한시름 놓았다.

호주에서 학교 생활했었던 일이 떠올랐다. 타국 학생들과 공부를 해보니 언어장벽으로 인해 어려움은 있었지만 다른 문화도 익히고 언어를 빨리 배울 기회가 주어져서 좋았다. 호주는 언어가 영어라 뭐라도 하나 알아들을 수 있었지만, 독일어는 생전 처음 접하는 것이라 아이들도 생소해서 언어장벽의 문제가 있을 것이라 예상했다. 한편으로는 외국 학생들과 함께 학교 생활하는데 어떤 일들이 펼쳐질지가 괜히 기대되고 설레기도 했다. 아이들은 편견 없이 순수함을 가지고 있어 적응력도 뛰어나고 언어의 흡수력도 빨랐다. 독일어를 알지 못해서 오는 소통의 어려움은 있었지만 어울리는 데 어려움은 크지 않았다. 게임이나 운동을 하면서도 친해지니 몸짓으로도 소통이 이루어져서 금방 친해질 수 있었다. 대부분 외국에 오면 영어를 능숙하게 가르쳐주고 싶은 마음에 다양한 수업과 영어를 위주로 하는 사립학교를 보내지만 경제적인 문제도 있고 아이들에게 현지인들의 직접적인 문화 체험이 더 값질 것 같아 공립학교에 입학시켰다. 사립학교를 보내면 한국에서의 교육과 같은 연장선으로 부모의 기대치는 높아지고 학업 위주로 지낼 것 같았다.

친구마다 모국어가 모두 달라서 주로 영어와 함께 손짓, 발짓하면서 조금 할 줄 아는 영어로 대화를 하는 딸이 신기하기도 했다. 영어 알파벳도 배우지 않았던 아들도 타국에서 온 아이들과 장난치며 지내는 것이 대견하고 고마운 생각이 들었다. 집에서 도보로 가능한 학교에는 외국인 반이 개설되어 있지 않아 시내에 있는 학교로 배정되어 어쩔 수 없이 버스를 타고 등, 하교해야만 했다. 무료버스표를 한 달마다 갱신받아야 하는 번거로움이 있었지만, 아이들을 위한 교통비용은 시에서 지원해 주었다. 아이들을 위한 혜택이 많은 나라였다.

한 달이 지난 후에는 반 친구 생일에도 초대받아 같이 어울릴 정도로 친숙하게 잘 지내주어 격려해주고 칭찬해 주었다. 학교 수업 시간이 8시 15분이라 8시 5분까지 학교에 가서 운동장에서 놀다가 8시 15분에 종이 울리면 학교 건물 안으로 들어갈 수 있다. 또 색다른 것은 점심시간에 급식을 주지 않는다는 점이다. 워낙 다양한 나라의 아이들이 모여 공부를 해서 그런지 음식 문화도 천차만별이라 입맛을 맞추기 힘들어 점심은 각자 집에서 먹고 다시 오후 수업을 위해 학교를 가야 하는 시스템으로 되어 있었다. 그래서 점심시간이 1시간 50분이나 된다. 학교에서 급식을 제공해주는 우리나라 시스템이 맞벌이 부부에게 부담감을 덜어주어 다행이라 생각했다. 점심시간이 다가오면 집에 와서 아이들이 바로 먹을 수 있도록 미리 점심을 세팅 해 놓고 기다렸다. 식사 후 약간의 휴식을 취한 후 다시 버스 타고 학교로 갔다. 여유 있게 있다가 점심시간이 다가오면 바빠지기 시작했다. 어쩌겠는가! 스위스 공립학교에서는 학교 규칙을 따를 수밖에 없다.

아들에게 학교생활이 힘들게 다가오는 일이 생겼다. 학교 다닌 지 한 달 정도 지났을 때 아들의 담임 선생님이 바뀐 것이다. 아들이 있던 반에 아이들 수가 점점 많아지자 반을 하나 더 개설하여 만든 것이다. 적응하며 잘 지내고 있었는데 새로운 선생님과 새롭게 시작해야 하는 것이 안타까웠다. 새로운 담임 선생님은 연세가 있으시면서 주입식, 강압적인 교육 스타일을 고집했다. 배운 내용을 무조건 그날 외우도록 숙제로 내주고 다음 날 테스트를 보는 식으로 엄청난 압박감을 주었다. 독일 글자도 몰랐던 아들에게는 굉장한 스트레스였고, 테스트를 잘 보지 못했을 때는 아이에게 화를 자주 낸다고 들었다. 그 전 선생님께서는 반복적인 수업 방식으로 독일어를 익히게 했고 아이들을 편하게 대해 주셨는데 바뀐 선생님은 너무 실망스러웠다. 선생님을 다시 바꿔달라고 교육청으로 연락을 해야 할지 고민스러웠다. 동양인이 까다롭고 유별나다고 생각할까봐 조심스러웠다. 조금만 더 지켜보다가 결정하기로 하고 아이 마음을 달래는데 주력을 했다. 보수적인 성향의 선생님을 만나니 언어 장벽이 크게 와 닿았고 아들에게 상처를 남겨주는 것 같아 미안했다. 의견을 말하기 위해서는 할 일은 하면서 해야 하기에 암기 숙제가 있으면 같이 공부하면서 암기하게 했다. 쉽지 않은 과정이었지만, 해야 할 일은 잘하고 난 후 다른 조취를 취하기로 하고 지켜보았다. 단기 방학이 자주 찾아와 휴식기를 가질 수 있어 다행이다 싶었다. 가끔씩 선생님 때문에 힘들어하는 아들을 보며 학교에 가기 싫다고 울을 때마다 가슴이 아팠고 보내지 말아야 하나 고민도 했지만 친구들과는 생일에 초대받을 정도로 잘 지내서 이해시키며 시스템에 적응해주기를 기다렸다. 어디에 살던지 아이들로 인한 문제는 생기는 법이니까 시간이 지나 좀 더 적응하면 나아지리라 믿었다. 학교에서는 선생님, 집에서는 부모님의 영향이 정말 크다는 것을 새삼 느끼는 계기가 되었다.

학교에서는 독일어를 배우는 과정이므로 숙제도 20분 내로 할 수 있게 내주시고, 안내장에 부모에게 전하는 말도 기재해주었다. 우리나라 학교 수업 과목보다는 적어 부담감도 덜 느꼈다. 치과 선생님께서 학교에 찾아와 치과 검진도 해주었고 전반적인 신체 검진도 병원에 가서 직접 받아야 했다. 아이들 건강 체크도 주기적으로 해 주는 시스템이 갖춰져 있었다. 초코바, 과일 등 간단한 간식을 싸서 가면 쉬는 시간에 먹으면서 친구들과 놀기도 했다. 쉬는 시간에는 선생님께서 다음 수업을 준비하는 시간이라 아이들은 무조건 교실 밖으로 나가야 한다. 학생들의 육체적인 활동을 권장하는 이유도 있지만, 선생님만의 시간이 필요하다는 의미도 있는 것으로 해석되었다. 공동체가 아닌 각 개인의 영역을 철두철미하게 존중하며 서로의 영역을 침범해서는 안 된다. 이렇게 서로 다른 문화를 하나씩 익히며 차이를 알아가고 판단하고 받아들이면서 생활해 나갔다.

학교에서는 학업뿐 아니라 방과 후 활동으로 댄스, 피아노, 스케이트 등 다양한 수업이 있었고 몇 개월 동안은 일주일에 한 번 수영장을 가기도 했다. 딸은 약간의 레슨비를 내고 피아노 학원도 다녔다. 아이들에게 중간, 기말 같은 성적표가 나오는 테스트는 없으니 편한 마음으로 공부했다. 하교 후 학원에 다니지도 않고 약간의 숙제와 운동 등 활동적인 놀이로 시간을 보내니 스트레스가 덜하고 육체적인 성장을 보게 되어 더없이 좋았다. 저절로 공부 관련 잔소리를 덜 하게 되고 스스로 공부하는 모습을 보이기도 했다. 해야 할 공부량이 많지 않으니 잠자리에도 일찍 들어가게 되고 가끔 영화도 보여주면서 상상의 날개도 펼칠 수 있도록 생각하는 시간을 많이 가지게 했다.

한국에서는 아침마다 졸린 눈으로 먹기 싫다던 아침밥을 한 숟갈이라고 더 먹이기 위해 실랑이를 하면서 출근도 하기 전에 지쳤었다. 일찍 자고 매일 수영을 해서 그런지 아침에도 밥을 잘 먹는 모습에서 환경으로 인해 습관이 형성된다는 것을 느꼈다. 아침에도 시간에 쫓기지 않으니 소리 지르고 재촉하는 일도 줄어들었다. 아이들에게 좀 부드러운 엄마 역할을 하지 못했다는 것에 미안한 생각이 들었다. 다정하고 다그치지 않는 엄마로 지내면서 관계를 돈독하게 하려고 노력했다. 늘 고쳐야한다는 생각을 하지만 아이들에게만큼은 엄격하게 대했고 지적을 했고 듣기 싫은 잔소리를 퍼부었다. 어릴 적을 생각해보면 부모님의 잔소리가 그리도 듣기 싫었었는데 내가 잔소리를 하고 있으니 부모로서 스스로가 한심스러웠다. 잔소리가 나도 모르게 나오게 되는데 자제하려고 노력하며 지냈다.

아이들이 학교생활을 하면서 아르헨티나, 슬로바키아, 남아프리카, 폴란드 등 다양한 친구들과 거부감 없이 자연스럽게 어울릴 수 있다는 것만으로도 좋은 경험이라 생각했다. 각 나라의 인사말 정도는 서로 알려주며 언어에 대한 호기심이 생겼고 언어의 필요성도 몸소 깨달았다. 생활 속에서 문제 해결력과 주체성을 배워나가는 것도 있었다. 딸도 마냥 어린아이 같았는데 스위스에서 친구들과 어울리며 몸과 마음이 성숙하여 가는 모습이 보였다. 이런 환경 속에서 억지로 주입하는 것이 아니고 자연스럽게 얻어지는 것만으로도 가치 있는 일이었다. 아이들에게도 미래에 좋은 추억과 기억으로 남기를 바라면서 말이다.

학교 가는 길에는 횡단보도에 신호등 없이 바닥에 노란선만 그어 있는 경우도 많은데 횡단보도 앞에 서 있으면 오던 차들도 사람 우선으로 무조건 멈추어준다. 보행자를 위한 배려로 항상 먼저 멈춰주고 보행자가 지나간 후 차가 움직인다. 이런 배려는 잘 되어 있어 안전하게 믿고 아이들만 버스를 타고 학교에 보낼 수 있는 여건이 되는 것이다. 여러 나라 도시 중 가장 보행자의 안전에 대한 배려가 으뜸인 곳이 스위스에서도 루체른으로 여겨졌다. 버스를 타고 내리는 문과 인도 사이도 가까이 있어 위험하지 않게 되어 있다. 초등학생 둘이서 버스를 타고 등, 하교한다는 자체도 자립심을 키울 좋은 기회였다.

아이들 학교에서 가끔 부모를 위한 행사가 있어 학교에 참석하기도 했다. 선생님들의 옷차림도 수수하고 화장기 없는 얼굴이 대부분이었다. 격식을 차리거나 학부모가 온다고 신경을 쓰며 크게 화려함을 보여주지도 않았다. 학부모를 이웃사촌처럼 대하며 자연스럽게 대화를 나누었다. 그 자리에서 아이들 친구 학부모들을 만나 이야기도 나누고 서로를 알게 되는 소중한 시간을 보냈다. 여러 나라 사람들이 한 장소에 같이 모여 있으니 세계는 하나라는 느낌도 들었다. 아이들의 학교생활 덕분에 다른 나라 부모들도 알게 되었고 공립학교 시스템도 알게 되었다. 시간상으로 여유 있는 학교생활이 주는 기쁨을 만끽하며 성장하는 부모와 성장하는 자녀들이 되기 위해 서로 노력하는 기회를 가졌다. 공부에만 연연해 하지 않는 분위기가 제일 좋았고 운동을 수시로 할 수 있는 환경이 너무나 좋았다. 이렇게 여러 가지 감정과 사건들을 겪고 배우면서 공립학교 생활을 체험했다.

아이들의 재능 발견

평소에는 하교 후 내가 퇴근 전에 학원 가서 공부하고 돌아오는 것이 딸의 일과였다. 스위스에서는 알아서 해야 할 숙제와 공부를 하고 남는 시간에는 하고 싶은 취미생활에 시간 투자를 많이 했다. 지루해하는 시간이 생기니 자신이 좋아하는 일을 찾게 되는 모양이었다. 딸은 손으로 만지작거리는 것을 좋아한다. 상자, 플라스틱병 등 재활용품을 이용하여 편지 봉투, 화장품 정리함, 연필 꽂이 등을 만들기 시작했다. 만드는 과정을 동영상으로 찍어 유튜브에 올리는 것도 직접 해보면서 신이 났다. 혼자만의 만들기 시간이 재미있고 행복하다며 해맑게 웃었다. 손으로 하는 것을 좋아하는지는 알고 있었지만, 창의적인 작품으로 만들기에 빠져 있는 모습이 관찰되었다. 개인마다 가지고 태어난 재능들이 많은데 해보지 않아 모르며 사는 경우도 많다. 시도해보지 않으면 모르는 일이기 때문에 직접 경험해봐야 한다. 다양하게 해 보면서 새로운 것을 스스로 발견하게 되고 아니다 싶으면 그만두면 된다. 아무것도 하지 않으면 아무것도 아닌 인생을 사는 것이다. 딸의 경우 여유의 시간이 생기니 자신이 좋아하는 것을 스스로 찾게 된 것이다. 만들고 마음에 안 들면 다시 만들기를 반복하며 점점 완성도 높은 작품이 나왔다. 한번은 두루마리 화장지 속지로 필통을 만들었다. 만든 작품을 학교에 가져갔더니 선생님과 아이들의 반응이 좋아 만드는 방법을 아이들 앞에서 시연해 보이며 다 같이 만들어 보는 시간도 가졌다고 한다. 자신감이 붙어서 학교 가는 것을 더 좋아하게 되는 계기가 되었다.

딸과 둘만의 유익한 시간을 가지기 위해 생각해 낸 것이 있었다. 핫 이슈가 되는 뉴스를 읽고 딸에게 이야기를 해 준 후 딸의 의견을 말해보게 하는 시간을 가지는 것이었다. 딸도 이제 곧 중학생이 되는 나이가 다가오니 생각하고 의사 표현을 잘할 수 있는 힘을 키워주고 싶었다. 자신의 생각을 말이나 글로 표현하여 정리하는 습관이 남을 설득하거나 주장을 피력하는 데 중요하다. 딸의 생각을 알고 싶기도 했고, 어떤 식으로 생각을 풀어서 전달하는지에 대해서도 궁금했다. 어려운 주제보다는 눈높이에 맞춰 꿈, 희망, 아이돌 가수, 자살, 인터넷, 이성 친구 등 10대들 관심 분야의 주제를 가지고 이야기를 나누었다. 내 생각을 딸에게 전하고 딸은 나에게 자기 생각을 정리하여 말해주었다. 이런 대화를 통해 성장한 딸의 생각에 놀랍기도 했고 생각보다 어른스럽다는 것을 새삼 알았다. 부모의 눈에는 항상 아기처럼 보이지만 아이들의 심신이 쑥쑥 성장하고 있다는 것을 인지해야 한다.

초등학생이 되면서부터 공부하는 습관을 지니게 해주려고 매일 30분 정도 공부하는 시간을 가지려 하면서 아이들과 실랑이를 했었다. 퇴근하고 집에 오면 피곤한데 아이들을 위한 것으로 생각하며 공부하는 습관을 지니게 해주려는 것은 나만의 생각이었을 뿐이었다. 부모가 원하는 뜻대로 되지 않는 것이 다반사이다. 말을 잘 듣고 모범생인 아이도 언젠가는 터지게 되어 있다. 아무리 해도 안 되는 것은 안 되고 가만히 내버려 두었는데 잘되는 것이 있다. 딸은 워낙 자기주장과 고집이 센 아이라 오히려 가만히 두면 알아서 하는 스타일이었다. 부모가 불안감을 가지고 조급한 마음에 공부에 대해 잔소리를 하면 상처로 끝이 맺어진다. 믿어주고 지켜봐 주고 지지해주니 가족 분위기와 사이도 좋아지고 서로가 편안한 생활을 하게 되었다.

아들은 워낙 활동적이다 보니 학교에서 돌아오면 퀵 보드, 축구, 수영에 빠져 운동으로 많은 시간을 보냈다. 실내 수영장에서 수영을 가르쳤더니 누나와 함께 제법 수영도 잘하고 잠수 시간도 길어져서 폐활량도 좋아졌다. 운동 쪽에 관심이 많았고 즐겼다. 운동은 건강에도 좋지만, 삶에 활력을 가져다주어 항상 규칙적으로 하는 것이 아이들 성장과 정서에도 도움이 된다. 아들은 활력이 넘쳐 하루 중 2시간 이상 몸으로 하는 시간을 할애해야 지루해하지 않았다. 운동으로 체력을 키웠기에 도보를 많이 했던 유럽 자유여행도 무사히 마칠 수 있었다고 생각한다.

회사 다닐 때는 주중에는 여유가 없어 주말에 시간이 나면 주중에 못 했던 공부를 알려주느라 신경이 날카로워지고 듣기 싫은 소리를 많이 했었다. 그것도 크게 중요한 것이 아닌 것 같아 덜 신경 쓰게 되었다. 자식이라 그런지 이론적으로는 알지만 막상 현실적인 문제로 피부에 와 닿으면 내려놓기가 쉽지는 않다. 남의 아이들 이야기라면 한 발짝 떨어져 봐서 그런지 충분한 이해와 공감이 되었다. 하지만 내 아이 이야기라면 입장이 달라진다. 아이들에게 뭐라도 하나 더 배우게 하고 가르치는 것이 중요하다는 생각이 앞섰다. 유치원 때부터 돈을 추가로 더 내며 배우게 했던 영어도 실력이 남들과 크게 다른 것 같지 않아 어린 나이 때부터 괜히 비싼 돈을 투자했나 싶은 생각도 들었다. 엄마 욕심에 남들이 다 하니까 했는데 두드러지게 차이가 나지도 않았다. 차라리 그런 돈을 모아서 넓은 세상을 맛볼 기회를 제공해 주는 것이 낫다. 첫째 때 경험해

보고 나서는 둘째 때는 이것저것 시키지 않고 유치원만 성실히 보냈다.

요즘은 학원보다는 여행을 통한 체험이 더 큰 영향을 줄 것이라는 깨인 사고를 하는 부모들이 많아지면서 엄마가 자녀들만 데리고 여행 다니는 사람들이 증가하고 있다. 방학 때 학원 안 가면 큰일 나는 줄 알고 벌벌 떠는 부모들도 있는데 많은 것을 보고 듣고 느끼게 해주는 것이 성장기에 긍정의 영향을 미칠 것이라고 믿는 부모들이 있는 것이다. 여행을 통해 또 다른 나를 발견하고 나뿐 아니라 자녀들로부터 미처 보지 못했던 부분까지 발견했다면 큰 수확이다. 그 재능을 키워주고 함께 상의해서 원하는 것을 이룰 수 있도록 기회를 제공해주고 길을 찾을 수 있도록 돕는 것이 제일 중요한 부모의 몫이라 생각한다.

부모는 앞에서 안전한 길을 닦고 만들어 주는 것이 아니라 길을 스스로 갈고 닦을 수 있게 가르쳐주고 안내자의 역할을 하면 된다. 후원해주고 응원해주면 아이들도 부모가 자신을 믿는다는 생각에 어긋나는 사고를 할 확률이 낮다. 잘은 안 되지만 아이들을 다그치거나 윽박지르지 않으려고 항상 다짐하고 애쓰는 것이 나의 결심 중에 하나다. 나만 바른 엄마다운 모습으로 아이들을 대한다면 아이들은 잘 따라올 것이라는 믿음이 생겼다. 아이들이 원하는 것이 있는데 강제로 하지 말라고 하면 더 짜증 내는 경우도 생긴다. 나이를 먹으면 선과 악의 판단 기준도 생겨 올바른 사고를 하므로 어른들 생각으로만 주입하려 하지 말고 숨 쉬고 놀 수 있는 시간을 충분히 주어야 한다. 그래야 정서상으로 안정되고 자신이 좋아하는 것이 진정 무엇인지 찾아갈 수 있는 것이다. 여태껏 내가 해 왔던 만행을 반성하고 또 반성해 보는 시간을 가졌다. 여유 있는 시간을 통해 아이들의 재능을 보게 되었고 그 재능을 어떤 방법으로 살려줘야 할지에 대한 고민을 함께 나누며 생각해 봐야겠다.

학교 친구와 추억 쌓기

아이들에게는 엄마로서 해 줄 수 있는 많은 추억거리를 남겨주고 싶었다.

어떤 추억을 쌓게 해주는 것이 좋을지 고민하다가 생일잔치를 열어 주기로 했다. 집이 협소하지만 친해질 좋은 기회로 여겨져서 추진해 보았다. 다양한 나라에서 온 아이들이라 어떤 음식을 좋아할지 몰라 직접 물어보게 했다. 전 세계 아이들이 좋아하는 피자, 감자튀김, 케이크, 파스타 등의 음식이 좋겠다는 힌트를 주어 메뉴를 결정했다. 편지지에 초대장까지 만들어서 친구들에게 전해 주고 생일잔치 날을 기다렸다.

딸은 생일잔치 날이 다가오기 며칠 전부터 설레고 기대된다고 했다. 나도 덩달아 외국 친구들과의 생일잔치가 기대되었다. 아침부터 집의 한쪽 벽에는 축하 카드를 붙이고, 청소도 하고 음식을 세팅하고 초대 손님을 맞이할 준비를 했다. 재밌는 이벤트가 있어야 좋아할 나이라 집에서 폭죽을 터트리며 놀기로 했다. 수업을 마치고 3명의 친구들이 와서 저녁 식사를 하고 이야기 나누며 재있게 놀았다. 폭죽 안에는 재밌는 캐릭터 가면도 있었고 팡파르를 불 수 있는 장난감 피리도 있었다. 워낙 유쾌한 여자 친구들이라 신나게 춤도 추고 수다를 떨어서 집안이 시끌시끌했다. 아들이 누나의 생일잔치를 보고 부러워하는 눈빛이었다. 이미 생일도 지났고 나이가 좀 어려 친구들을 초대하는 데 있어 약간의 어려움이 있었다. 아들에게는 시간이 지나면 다른 방법으로 즐거움을 주리라 약속했다. 딸은 생일잔치를 통해 친구들과 좀 더 가까워지고 친해지는 계기가 되었다며 고마움을 표현했다. 준비한 사람도 만족스러웠다.

며칠 후 아들에게는 미안해서 생일은 지났지만, 친구들을 초대하여 파티를 열어주겠다고 했는데 친구 부모의 동의도 받아야 하고 번거로웠는지 파티를 원하지 않는다고 했다. 파티는 하고 싶은데 직접 하는 것을 내켜 하지 않던 아들이 한 달 후에 친구로부터 생일 초대를 받았다. 초대장을 받아들고 기뻐하던 아들의 모습이 눈에 선하다. 누나처럼 친구 집에 가서도 놀아보고 싶었던 모양이었다. 친구의 생일 선물을 정성스레 포장하고 축하 카드도 쓰고 생일 파티 참석을 위한 준비를 마쳤다. 아들이 기뻐하니 덩달아 같이 생일 초대 날이 기다려졌다. 차려준 음식들도 먹고 사진도 찍고 칼싸움도 하고 4시간 동안 재미있게 놀다 왔다고 자랑을 한참 했다. 칼싸움하다가 눈 밑에 작은 상처로 아파했지만, 놀다가 다친 것이라 어쩔 수 없는 상황이었다. 남자아이들은 역시 몸으로 놀아야 제맛 인듯하다.

친구들을 초대한 것과 친구의 생일에 초대받은 것을 보니 딸, 아들이 친구들과 잘 어울린다는 증거로 보여 지고 거리낌 없이 지내는 것으로 짐작되어 마음이 놓였다. 다양한 나라에서 온 친구들이라 한 번도 불러보지 않았던 나라 이름도 자연스럽게 익히게 되었다. 세계 지도상에서 그 나라의 위치와 수도 등도 짚어보면서 지식을 쌓기도 했다.

아이들 친구들과 이야기해 보면 아직도 한국을 모르는 사람들이 많다는 것도 알게 된 사실이었다. 스위스에 머무는 동안 평창 올림픽이 열렸기 때문에 올림픽 기념품을 준비하여 친구들에게 나눠주며 한국을 알리기도 했다. 평창 올림픽 공식 후원 음료로 스위스에서 판매되는 'rivella'라는 음료가 있었다. 올림픽이 열리는 동안 스위스에서는 'rivella'음료에 한국말로 '리벨라'라고 쓰여서 판매되기도 했다. 올림픽을 계기로 스위스 음료 회사와 계약을 맺은 모양이었다. 스위스에서 한국 글씨로 쓰여 있는 음료를 보니 신기하기도 했고 현지인들에게 알려 주고 홍보를 해야겠다는 생각이 들었다. 외국에 나오면 모두 애국자가 된다더니 그 말이 맞다. 한국에 살고 있다고 말하면 남한인지 북한인지를 제일 먼저 물어보는 사람들도 많았다. 뉴스를 접하면 북한과 관련된 뉴스가 많이 나와 북한이 더 잘 알려진 것 같기도 했다. 한국이 얼마나 잘 살고 안전한 나라인지는 한국을 다녀온 사람 정도만 알고 있었다. 그럴 때마다 드는 생각은 안타까운 마음뿐이었다. 한국이 많이 성장했음에도 불구하고 제대로 알려지지 않아 모르는 사람이 많다는 점에 아쉬웠다. 대기업 S 사와 관련된 제품도 많이 판매되고 있었는데 한국은 알지 못하는 것 같았다. 외국인들이 우리 가족에게 중국인이냐고 많이들 물어보기도 했다. 20년 전 호주에서는 일본인이냐고 물어보는 사람이 많았는데 이제는 중국이 부강한 나라가 되었음을 느꼈다. 나라의 힘이 세져야 제대로 알려질 수 있다.

　딸은 학교 다닌 지 4개월이 되어갈 때 학교 수업 마치고 친구들과 약속을 잡아 패스트푸드점에 가서 간식을 먹고 오기도 했다. 수영장도 같이 가서 실컷 장난을 치며 놀다 오고 많이 컸다는 생각이 들었다. 처음에 왔을 때는 모든 것이 조심스럽고 낯설어서 물가에 내놓은 아이들처럼 걱정이 앞섰는데 몇 개월이 지나니 안전성이 보장되어 한국보다 더 마음이 놓였다.

아이들은 사심이 없어 그런지 순수하게 잘 만나고 어울리는 것 같다. 여자들의 삐짐 특성과 남자들의 의리 중심은 어느 나라나 볼 수 있는 특징이다. 딸의 학교생활 이야기를 들어보면 누가 누구랑 싸워서 안 놀다가 다음날 되면 언제 그랬나싶게 같이 논다며 한국 여자 학생들과 같다면서 이야기를 해 주었다. 아들은 친구들 사이에서 잘난 척하거나 으스대는 아이는 배제시키고 자기들끼리 논다며 이야기를 해 주었다. 아이들 학교생활 이야기 듣는 것이 얼마나 재미있고 흥미로운지 그 이야기가 기다려지기도 했다.

6개월이 지나서 또 한 번의 딸과 아들의 친구들을 초대하여 식사와 놀이로 즐겁게 지내게 해 주었다. 한국에 있었으면 직장을 다녀서 해주기 쉽지 않은 것들을 기회가 되니까 자주 해주고 싶었고 아이들이 먼 훗날 이 순간들을 기분 좋은 추억으로 떠올리며 행복해하기를 바라는 마음에서 준비를 해 주었다.

학교에서 하는 작은 축제 등 다양한 경험은 빠지지 않고 참석할 수 있게 하고 친구들 사이에서 인기 있는 사람이 되기 위해서는 어떻게 행동해야 할지에 대한 이야기도 나누었다. 많은 추억과 경험을 바탕으로 세계 어디에서도 자존감과 자신감이 높은 아이로 자라기를 바라는 마음으로 해 줄 수 있는 것들은 최대한 해주고 싶었다. 다른 문화를 접하면서 어떤 사람을 만나든지 처음부터 색안경 끼지 않고 수용할 수 있는 사람이 되기를 바라는 마음도 컸다. 다양한 인종을 만나게 되면 자연스럽게 선입견도 줄어들고 각국의 친구들과 어울리는데 걸리는 시간이 단축될 것이라 믿었다. 경험을 통해 배운 것을 바탕으로 삶에 도움이 되기를 바란다.

학기가 끝나갈 때쯤에는 아이들 반 친구 중에 터키에서 온 가족, 중국에서 온 가족들과 모임을 가지면서 각 나라 문화 이야기를 주고받으며 친밀해졌고 연락처를 주고받았다. 음식을 만들어 먹으면서 이야기꽃을 피웠다. 서로 간의 연락만 끊이지 않도록 하며 먼 훗날 기회를 만들어 여행을 통해 다시 만날 날을 기약했다. 한국으로 귀국하기 위해 마지막 인사 나눌 때는 친구들 사이에 정이 들었는지 헤어지기 싫어 부둥켜안고 아쉬워하며 눈가에 눈물이 글썽거렸다. 성인이 되어 한국을 꼭 방문하라는 메시지와 함께 헤어졌다. 세계 어디가나 좋은 사람들도 훨씬 많고 살아가는 재미를 맛보게 해주는 즐거운 추억이었다.

재활용품으로 만들기 시간

여성들도 주로 바지를 즐겨 입고 대부분 거리의 사람들 옷차림은 꾸밈없이 수수해 보였다. 인위적인 화려함보다는 실질적인 내면의 아름다움을 느끼기도 했다. 과도한 사치와도 거리가 멀어 보였고 화장기 없는 얼굴을 흔하게 볼 수 있었다. 워낙 물가가 비싸서 그런 것인지 오랜 시간 농경사회에 젖어 있어 그런지 이유는 모르겠지만 전반적으로 수수해 보였다.

마트에 가면 플라스틱, 알루미늄, 유리병도 색깔별로 재활용품을 버리는 곳이 있다. 분리해 온 재활용품을 자전거 타고 와서 버리고 가는 사람들도 종종 볼 수 있었다. 분리수거에 대한 인식도는 높은 편이었다. 아이들의 학교에도 가보면 버려진 재활용품으로 만든 작품들이 눈에 띄었다. 12월 초에 학부모들을 초대하여 만들기를 한다는 알림장을 받아들고 어떻게 진행되는지 궁금하여 방문하였다. 알림장에는 학교에 올 때 재활용 우유 팩, 플라스틱 등을 모아서 가져오라고 쓰여 있었다. 며칠 동안 재활용품을 모아서 정해진 날짜에 학교를 찾아갔더니 고물상을 방불케 하는 많고 다양한 재활용품이 쌓여 있었다. 그중에서 각자가 만들기 작품에 필요한 재료를 선택하여 자유롭게 만드는 시간을 가졌다. 가구 공장에서나 볼 수 있는 공구들을 이용하여 만들기를 하는데 한 번도 사용해 본 적이 없어 난감하기도 했다. 다른 학부모들은 어릴 적부터 학교에서 공구를 이용하여 만들기 시간을 가졌다는 것을 능숙한 손놀림으로 알 수 있었다. 처음 사용해보는 공구에 대해서 다른 학부모들에게 물어보며 만들어 놓은 샘플을 참고하여 2개의 작품을 만들었다. 학부모들과 학교 선생님, 아이들과 함께 하는 유익한 시간이었다. 간식거리도 마련해주어 음료와 과일을 먹으며 간단한 이야기도 나누고 다 만든 작품은 학교에 제출하고 집으로 돌아왔다. 매년 학부모와 아이들을 초대하여 재활용품을 이용해서 작품을 만드는 시간을 갖는다고 했다. 학부모와 선생님이 거리낌 없이 자연스러운 만남으로 편하게 대화 나누며 지내는 모습이 이웃사촌처럼 정겨워 보였다. 그 작품들은 크리스마스 때까지 학교 입구에 전시해 놓았다. 처음으로 공구를 이용하여 땀을 흘리면서 만든 작품이 학교 입구에 걸려 있는 것을 보니 어린아이처럼 뿌듯했다. 딸과 아들에게도 엄마가 만들었다고 자랑삼아 알려주기도 했다. 크리스마스가 다가오기 전에 아이들과 학부모들을 학교로 초대하여 운동장에서 따뜻한 음료를 마시면서 모닥불도 피우고 아이들이 준비한 음악 공연도 보여주는 시간도 가졌다. 다른 학부모들과 만남의 시간을 가질 좋은 기회가 되기도 했다.

평소에 이야기를 들어보면 수업 시간에도 재활용 물품을 이용하여 만들기를 한다고 했다. 작거나 낡아서 입지 못하는 옷 또는 장난감, 깨진 플라스틱 그릇, 빨대 등을 모아서 미술 시간에 사용한다는 것이다. 필요 없게 된 물건이라도 재사용할 수 있고 멋진 물건으로 재탄생할 수 있다는 것도 중요한 교육이라고 생각한다. 물건을 소중히 다뤄야 한다는 것도 배울 수 있는 시간이 되는 것이다. 정해 놓은 만들기 제품이 아니라 창의적인 사고로 각자가 생각하고 원하는 대로 만들기를 한다고 했다. 그 시간을 통해 쓰레기 재활용 분리수거의 중요성도 자연스럽게 배우게 된다. 삶 속에서 검소함이 배어있는 단면을 볼 수 있는 수업 시간으로 생각되었다. 집에 와서까지도 재활용품이 될 만한 물건들이 보이면 버리지 않고 모아 두었다가 만들기 하는 데 사용하였다. 여러 개를 만들어 친구들에게 나눠주기도 하고 나름대로 뜻 있는 시간을 가졌다.

한번은 수영장에서 만난 현지인들의 집에도 초대받은 적이 있다. 그들의 집에도 군더더기 없이 필수품만 진열되어 있고 깔끔한 살림살이를 볼 수 있었다. 물론 엄청난 부자는 화려하게 해 놓고 살겠지만 대부분 스위스인들에게 느껴지는 분위기가 검소한 면이 더 두드러져 보였다.

주말에 루체른 호숫가에 나와서 여유롭게 쉬고 있는 사람들의 겉모습에서도 수수함이 많이 느껴졌다. 소유하고 있는 물건들이며 옷차림에서도 꾸밈없이 편안해 보였다. 남녀노소 할 것 없이 티셔츠에 청바지를 주로 입고 다니고 액세서리를 한 사람도 많지 않았다.

재활용품으로 만들기 시간을 통해 배울 것이 많았다. 어떤 화려한 준비와 보이기 위한 모임이 아닌 동심의 순수한 마음으로 학부모들이 모여 만들기 시간을 갖는 것의 취지가 너무 좋았다. 돈만 주고 산 물건들로 장식하는 것이 아니라 손수 만든 소박 하고 창의적인 작품으로 학교를 장식해 놓으니 어떠한 것보다 값져 보였다. 또한 아이들과 선생님들이 어울리는 모습이 아름다워 보였다. 돈으로 해결하는 것이 아니라 함께 나누고 의미 있는 시간을 보내면서 추억을 쌓게 해주는 생각 자체가 배울 점이다. 겉치레에 중시하는 이 시대에 꼭 필요한 정신이며 행동이기도 하다.

아이들 안전이 우선

　스위스에서는 아이들 안전만큼은 마음이 놓이는 나라였다. 초등학교 입학 전 유아들이 선생님들과 이동하거나 외출 시에는 꼭 노란 안전띠를 두르고 다니는 모습을 보게 된다. 어린아이들의 안전을 생각해서 주변 사람들이 조심해야 하고 보호해줘야 한다는 표시를 한 것이다. 보호받아야 할 아이라는 것을 상징해 주는 물건인 셈이다. 옷 위에 노란 띠를 두르고 선생님을 병아리처럼 따라가는 모습은 누가 보아도 귀여워 보인다. 지나가는 어른들은 아이들을 우선시해주고 관대하게 베풀어 주며 환하게 웃으면서 인사를 건넨다.

　아들은 횡단보도 건널 때마다 정지선에 서 있는 차 안의 운전자에게 손을 흔들며 인사를 했다. 운전자도 웃으면서 손을 흔들어주며 인사를 전한다. 그 모습을 보고 있으면 미소가 저절로 나온다. 여행을 다니면서 기차역에 역무원이나 배를 타면 안내해주는 안내원에게도 인사를 건넨다. 가끔은 귀엽다며 사탕류를 받기도 했다. 자라나는 꿈나무인 아이들을 생각하며 환하게 받아주는 분위기가 아들이 인사를 더 자주 하게 만들었다. 마음의 여유가 있어서 그런 것인지 아니면 어릴 적부터 그런 문화와 교육을 받아서 그런지 아이들을 사랑스러운 눈빛으로 바라보고 반겨준다.

집 앞에 작은 놀이터가 있었는데 한쪽에는 모래 위에 검은 천으로 덮어 있었다. 검은 천으로 덮어 놓은 이유가 뭔지 궁금했다. 나중에 알고 보니 유치원생들이 그곳에 앉아 모래를 가지고 놀게 하는 곳이었다. 작은 모래 놀이터인 것이다. 사용하지 않을 때는 검은 천으로 덮어 놓고 아이들이 놀 때만 검은 천을 벗겨낸다. 모래가 흩날려서 주변이 지저분해지니까 천으로 덮어 모래를 보관한 것이다. 아파트 주변에 자연 친화적으로 아이들이 놀 수 있는 공간을 만들어 놓았다. 모래로 소꿉놀이도 하고 모래성도 쌓으며 노는 모습이 마냥 신나보였다. 모래를 만지며 놀 수 있는 공간으로 좋은 아이디어라 생각했다.

여름이 되면 모래 놀이 옆 공터에 어린이 간이 풀장을 만들어 놓고 신나게 물놀이 하는 모습도 보았다. 놀다가 간식시간이 되면 땅바닥에 앉아 준비해온 간식을 먹는다. 휴식을 취한 후 다시 원하는 놀이를 하게 하면서 민소매와 짧은 바지를 입고 있는 선생님과 함께 즐겁게 지낸다. 유치원 선생님들의 옷차림도 너무나 자유분방하여 사뭇 다른 문화에 놀랍기도 했다. 정해진 시간에 산책하며 자연과 벗 삼아 아이들이 뛰어 놀 수 있는 공간이 많다는 것은 행복한 일이다. 놀이터가 곳곳에 많은 것을 보면 아이들의 행복을 생각하면서 뛰어놀 수 있는 공간을 만드는 데 힘쓰고 있는 모습을 엿볼 수 있다. 놀이 기구들도 자연과 친숙하도록 안전하게 쇠보다는 나무로 만들어 놓은 곳도 있었다. 전 세계 아이들은 순수하고 소중한 존재들이므로 모두 사랑받으며 안전하게 자랐으면 하는 마음이 들었다.

아들을 잃어버릴 뻔한 사건이 있었다. 독일을 여행하고 스위스로 다시 돌아오는 날 여행용 가방을 끌고 집으로 가는 마지막 기차를 타러 가는데 달리기가 빠른 아들만 타고 기차가 출발해버렸다. 너무나 황당하고 걱정이 되어 놀란 가슴을 진정시키며 나머지 가족은 정신없이 뛰어 집으로 가는 버스에 몸을 싣고 아들이 다음 기차역에서 내려주기만을 기도했다. 심장이 쿵쾅쿵쾅 뛰었다. 예전에 집으로 가는 기차를 몇 번 타봐서 다음 역이 목적지인 것을 알고 있으리라 믿었다. 가슴을 졸이며 버스 타고 다음 기차역으로 갔더니 모르는 스위스 남성분께서 아이가 기차역 지하에 있으니 내려가 보라고 손짓을 해 주었다. 다행히 어떤 여성분께서 아들의 긴장을 풀어주기 위해 사탕도 주고 이런저런 이야기를 나누며 우리 가족을 기다리고 있었다. 어찌나 감사하고 고마운지 머릿속이 하얀 상태에서 고맙다는 인사만 계속했다. 자초지종을 물어보았더니 아들은 다음 기차역에서 내리면 되는 것을 알고 있었기에 내리려고 했더니 기차 안에 있던 여성분과 남성분이 아이만 혼자 탄 것을 보고 걱정이 되어 함께 내려서 기다려준 것이었다. 밤 10시가 넘은 시간이라 걱정했는데 아이에게 베푼 친절에 감사의 마음을 인사로만 한 것이 후회되었다. 그 당시에는 너무나 놀래서 다른 생각이 나지 않았다. 놀란 가슴을 쓸어내리고 연락처라도 물어봤어야 했는데 감사 인사만 여러 번하고 헤어지고 나서야 생각이 난 것이다. 다시는 생각하고 싶지 않은 일이 벌어졌지만 베풀어준 현지인의 고마운 마음은 평생 잊지 못할 사건이었다. 본인의 아이처럼 데리고 있어준 그 마음과 행동에 감동받았다.

　그 후로도 스위스인들에 대한 친절을 느끼는 일이 많았다. 마트 계산대에서 구매 물건이 많으면 물건 수가 적은 나에게 먼저 계산하라고 선뜻 앞자리를 내주는 분도 있었고 엘리베이터 문이 열리면 먼저 나가라는 손짓과 미소를 자주 받기도 했다. 상대가 먼저 호의적인 면을 보이니 나도 이웃에게 친절을 베풀게 되고 인사를 자주 나누게 되었다.

어디에서나 사랑은 상호적이다. 사랑을 듬뿍 받고 자란 아이들은 밝고 희망적이며 배려심 있는 성인으로 자란다. 어른들의 의무와 책임 중 하나가 아이들 관련 안전은 보장해주어야 한다고 생각한다. 어른들의 잘못된 사고로 안전하지 못한 삶 속에서 꿈도 키워보지 못한 채 희생당한 내용의 기사를 볼 때마다 가슴이 미어진다. 우리나라의 미래가 밝을지에 관한 부분은 현재의 어른들에게도 달려있다. 선진국의 안전에 대한 생각과 환경은 배우고 실천해야 한다. 아이들의 눈높이에서 마음 편하고 안전하게 뛰어놀 수 있는 공간을 마련해줘야 하며 더불어 행복한 사회가 되도록 앞서 주기를 바라는 마음이 들었다.

외국 친구들의 외모 비하

몇 개월 동안 학교를 아무 탈 없이 잘 다니다가 동양인 외모 비하 사건이 있었다. 딸이 또래보다 체격도 작고 전형적으로 동양인 외모를 가지고 있다. 다른 나라에서 온 남자아이 2명이 쉬는 시간에 쌍꺼풀도 없고 눈이 유럽인과 다르게 생긴 것을 가지고 놀렸다. 외국인 유명 운동선수가 손으로 양쪽 눈을 옆으로 벌려서 찢어진 눈으로 만들어 동양인에 대한 인종차별적 비하 표현에 논란이 된 적이 있었던 것처럼 행동하였다는 것이다. 기분이 나쁘고 속상해서 울었다고 했다. 그 행동을 같이 본 친구가 담임 선생님께 말을 했더니 그 남자아이들에게 상황 설명을 하게 하고 딸에게도 사과를 하게 하여 기분이 풀어져서 하교한 상태였다. 선생님께서는 수업을 마친 후에도 반 아이들을 모두 모아 놓고 외모로 놀리는 것은 옳지 않다는 것을 다시 한번 이야기를 해 주셨다고 한다.

학교에 있었던 이야기를 듣고 부모로서 속은 상했지만, 충분히 있을 수 있는 일이라 짐작했기에 침착하게 설명해 주었다. 그 남자 친구들이 '너라서 놀린 것이 아니라 유럽인들과 다르게 생긴 외모를 가지고 말한 것이기에 잘 몰라서 저지른 실수인 것 같다고 말해 주었다. 미숙한 행동에 마음 상하지 말고 다시는 그런 일이 생기지 않도록 선생님께서 조치를 취하신 모양이니 훌훌 털어 버리자고 이야기했다. 가족이 함께 있으니 속상한 일이 생기면 언제든지 이야기하도록 격려 해 주었다. 이야기를 듣더니 속상한 마음이 좀 풀렸다고 말하는 딸의 모습에 안도감이 들었다.

타국에 살게 되면 유창하지 않은 언어, 다르게 생긴 외모로 인해 서럽고 속상한 일을 경험하게 된다. 그 나라 사람들과 외모도 다르게 생겨 아이들 사이에서는 놀림을 받는 일도 생긴다. 약 20년 전 호주에서 혼자 생활할 때도 그 당시에는 일본이 강국으로 많이 알려져서 한국인을 봐도 일본인이냐고 묻곤 했다. 다녔던 학교에서도 일본인과 한국인을 대하는 태도도 달랐고 약간의 차별의 느낌을 받은 적도 있었다. 부강한 나라 사람에게는 친절하게 대하는 모양이었다. 그래서 사람들은 권력을 가지려고 욕심내며 살아가는 거 아니냐는 생각도 들었다. 억울한 일을 당하지 않기 위해서는 스스로 똑똑해져야 하고 힘을 키우는 수밖에 없다. 외국인에 대한 태도가 모두 그렇지는 않지만 몇 번은 경험하게 된다. 이런 사건을 통해 우리나라에서 사는 외국인들에게 곱지 않은 시선과 말투를 전해서는 안 된다는 것도 아이들에게 알려주었다. 역지사지로 상대의 입장에서 생각해보는 시간을 가진 것이다.

동양계 사람들이 여행객으로서는 많은데 거주하고 있는 사람들은 흔하게 보지 못해 우리의 모습이 생소하고 달리 보일 수 있겠다 싶었다. 정보가 없는 사람들은 한국에 대해서도 잘 알지 못하고 후진국에서 온 사람들로 취급할 수도 있다. 그럴수록 한국에 대해 제대로 알려주고 발전되어 있는 모습과 부강한 나라임을 보여 주며 애국자 역할을 해야 한다. 평창 올림픽과 월드컵을 통해 한국을 알리는 데 이바지 했다. 한국의 원래 모습 그대로를 널리 알려야 타국에 사는 많은 이민자도 인정받고 자신의 역량을 펼치며 멋지게 국위 선양하며 지낼 수 있을 것이다. 외국에 가서는 행동과 말을 조심해서 자국의 이미지에 영향을 미치지 않도록 하고 우리나라 고유의 언어인 한국어가 있다는 것을 알려줘야 한다. 유럽의 어느 대학에서는 한국어과도 신설되어 있다는 소식도 매스컴에서 보았다. 그만큼 한국에 대한 관심도가 올라가고 있다. 해외에서 접하는 뉴스에 한국과 관련 소식이 나쁜 소식보다는 좋은 소식이 많이 나오기를 바란다.

요즘은 K-POP도 유명하고 해외여행자도 많아 한국이 알려지고는 있지만, 유럽 쪽은 아직도 한국을 모르는 사람이 많은 것을 체감했다. 시간이 흘렀는데도 호주에서 지냈을 때와 마찬가지 느낌을 받았다. 유명 관광지 산 정상에 가면 한국의 유명한 컵라면이 있기는 하지만, 한국인을 대상으로 무료로 주고 있어 외국인들은 잘 모르고 있다. 유럽에도 한국 음식, 한국 옷, 한국 여행지 등 다양하게 알려져서 한국을 많이 찾게 되고 관심 가지게 되어 한국말을 배우는 사람도 많아지기를 바란다.

남을 헐뜯고 비하하는 것은 조직 내에서도 많이 일어난다. 외모 지상주의로 인해 성형하는 사람도 많이 생기고 자신의 내면보다는 외모에만 치중하여 돈을 소비하는 사람도 많다. 장소가 어디가 되었건 간에 남의 말에 휘둘리지 말고 자신의 길을 옳게 걸어가면서 자존감이 높다면 크게 상처받지도 않을 것이다. 아이들에게 자신감과 자존감을 키워주고 비아냥거리는 말을 듣더라도 실제로 그런 것이 아니라면 신경 쓰지 말고 강하게 지낼 힘을 키워야 한다는 배움의 계기가 되었다. 외모를 비하하는 사람의 인성이 문제이지 그것을 들은 사람은 잘못이 없다는 것도 알려주었다. 단단한 마음의 근육 하나가 더 생기는 사건이었다.

지쳐 쓰러져도 다시 일어날 힘이 있는 자만이 꿈도 쟁취할 수 있는 시대가 왔다. 외국 친구들의 놀림 사건으로 인해 분별력 있고 올바르게 사리판단 할 수 있는 용기 있는 사람으로 거듭났을 거라 믿었다.

한국을 알리는 올림픽, 월드컵

중국인으로 오해받지 않고 한국을 좀 더 많이 알리고 싶었다.

자연스럽게 알리게 되는 힘은 역시 매스컴이다. 운이 좋게도 스위스에 거주하는 동안 평창 동계올림픽이 개최되어 텔레비전을 통해 한국에 관심을 가지게 할 수 있는 계기가 되었다. 겨울 스포츠를 즐기기 때문에 동계 올림픽은 유럽인들이 많이 참가하여 관심을 가지고 본다. 올림픽 기념품을 준비하여 지인들에게 전해주며 한국이라는 나라의 위치와 문화에 관해 관심을 가지게 이끌었다. 유럽 쪽은 한국에 대한 인지도가 높지 않아 아쉽고 서운한 마음이 들어 제대로 알려주고 싶었다. 본인들이 가지고 다니는 S사 핸드폰이 어느 나라 것인지도 모르고 있었다.

한국을 알릴 수 있었던 또 다른 기회는 러시아에서 월드컵을 개최했을 때였다. 축구에 열광하는 사람들이라 경기가 있을 때마다 환호와 응원의 소리가 거리를 에워쌌다. 다른 나라의 경기에도 관심을 보이고 축구 이야기로 신이 난 모습들이었다. 2002년도 우리나라에서 월드컵 개최했을 때 보여줬던 열띤 응원을 방불케 했다. 사람들이 많이 모여 있는 광장이나 기차역, Bar 등에서는 큰 스크린을 걸어놓고 많은 인파가 모여 흥분하고 탄성을 지르며 좋아하는 모습으로 응원에 몰두했다. 경기를 관람하고 있으면 세계인이 하나가 된 듯 주변 사람들이 우리 가족에게 어느 나라 사람이냐고 물어보고 한국 경기가 졌다면 위로해주면서 멋진 게임을 펼쳤다며 엄지 척을 보이기도 했다. 축구가 유럽인들에게 관심과 사랑을 받는 스포츠임을 절실히 느꼈다. 우리나라 축구 선수들을 타국에서 텔레비전을 통해 보게 되니 반갑기도 했다. 월드컵 기간 내내 사람들을 만나면 공통 화제인 축구 이야기로 시작하여 화기애애한 분위기를 끌어내 신나게 이야기를 나눌 수 있었다. 축구에 대한 사전 지식이 없었는데 하나씩 알아가며 대화에 동참했다. 유럽인들이 축구를 좋아하는 것을 알고 있었지만, 그 현장에 직접 참여하여 보니 그 열광적인 모습은 상상을 초월했다. 아들도 이 시점부터 축구 사랑에 빠졌고 지금도 축구선수가 꿈이라고 이야기한다. 스위스가 다른 나라와 경기하면서 골을 넣었을 때는 건물이 흔들릴 정도의 함성이 울려 퍼졌다. 축구가 일상에 찌든 사람들에게 활기를 주는 스포츠임이 확실했다.

러시아 월드컵 경기 시간이 오후부터 시작해서 저녁 10시 정도면 마지막 경기가 끝나는 시간이라 자주 볼 수 있었다. 예전에는 축구에 관심도 없었는데 주변 분위기로 인해 한국을 더 열심히 응원하고 한국 팀이 뛰는 경기를 찾아보게 되었다. 2:0으로 이기는 쾌재를 불러일으킨 경기를 볼 때는 골을 넣을 때마다 우리 가족 4명이 강강술래 하듯이 빙빙 돌며 목소리 높여 기뻐했다. 상대가 유럽 쪽이라 야외에 나가서 보지 않고 조용히 집에서 들뜬 마음으로 경기를 관람했다. 다수가 유럽을 응원할 것 같아 우리 가족은 마음 놓고 우리나라를 응

원하고 싶어 집에서 본 것이다. 선수들이 골 넣는 순간 느껴지는 희열이 내 인생에서도 한번쯤 느껴보고 싶을 정도로 짜릿했다.

축구 경기가 있었던 날에는 오가는 버스 안에서도 어느 나라 사람이냐고 물어보면서 축구 이야기만 오갔다. 레스토랑에서도 서로의 나라를 응원한다며 악수를 하고 재미있는 풍경이 연출되었다. 사람의 감정은 크게 다르지 않고 공통된 화제로 공감하면 짧은 시간 내 친숙해진다는 것을 새삼 느꼈다. 경기를 자주 보다 보니 흥미로웠고 짜릿함이 있어 자꾸 보게 되었다. 무관심했던 것들도 잦은 만남이 있으면 관심이 생기면서 눈길이 저절로 그쪽으로 향하게 된다. 아들도 축구공을 사줘도 별 관심 없더니 월드컵이 시작되고 나서 반 친구와 축구 이야기만 하고 축구 경기 보면서 규칙 등에 관해 공부하였다. 축구 선수의 모습을 따라 하면서 다양한 자세로 연습을 매일 하기 시작했다. 환경이 사람을 만들어 주는구나 싶었다. 그래서 의사 집안에서 의사가 나오고 법조인 집안에서 법조인이 많이 배출되는가 보다. 관심 없던 분야였는데 주변 환경이 축구로만 가득하니 시키지 않아도 운동장에 나가 축구 연습을 하는 것이 아닌가! 넘어져도 안 다치는 푹신한 자연 잔디밭에서 실컷 뛰어놀면서 축구를 할 수 있어 좋은 추억이라 생각되었고 감사한 일이었다.

4월에는 남북정상회담이 6월에는 북미정상회담과 관련 소식이 뉴스에 자주 나왔다. 남측과 북측의 만남이 성사되는 장면이 뉴스를 통해 알려지면서 한국 소식이 전해졌다. 휴전 하는 우리나라에서는 아직도 전쟁이 일어나고 있는 것으로 알고 있는 외국인들도 있다. 주변 친구들에게 정확한 사실을 알려주고 안전하다는 것을 말해주고 다녔다. 싱가포르에서 북측의 대표와 미국 대표의 만남도 여러 번 TV를 통해 보여 주워 주변 사람들이 관심을 가지고 물어보기도 했다. 일이 잘 성사되어 국력을 키워 강한 나라로 같이 잘 사는 나라가 되기를 바랐다.

한국에 대한 나쁜 소식보다는 좋은 소식으로 한국의 미를 알려졌으면 좋겠다. 외국에 한국을 제대로 알려야 타국에 와서 사는 한국인들이 받는 서러움과 차별을 덜 받을 수 있는데 한몫할 수 있다. 스포츠를 통해 한국을 조금이나마 더 알리게 된 것 같아 그 시간이 소중했다. 모르고 있는 역사와 언어를 정확히 알려주고 한국에 대한 관심도를 높일 수 있게 하는 것도 후손들을 위한 책임과 해야 할 의무이다. 그럴수록 외국에 나가서 수치스러운 일은 하지 않아야 하며 그 나라 문화와 규칙을 따르고 깨끗하고 정직한 국민성을 보여주어 위상을 높여야 한다. 외국 여행을 가더라도 본인이 한국인을 대표하는 사람으로 생각하며 언행에 주의해야 한다.

앞으로도 스포츠를 통한 것뿐 아니라 여러 가지 면에서 좋은 이미지로 한국을 널리 알려 한국어를 많이 배우게 되는 세상이 왔으면 좋겠다. 거주하는 동안 주변인들에게 한국을 알리는 일조를 한 것 같아 뿌듯하다.

아이들의 천국, 독일 유로파 파크

유럽에서는 독일에 위치한 유로파 공원, 프랑스에 위치한 디즈니랜드가 아이들의 천국이다. 스페인에서 스위스로 돌아오는 길에 독일에 있는 공항인 유로 공항에 도착하여 가까이 있는 유로파 공원을 견학하기로 했다. 차를 빌리고 유로파 공원 근처 산 아랫 마을에 숙소를 예약했다. 산 주변에 있는 숙소는 공기도 신선하고 소나기마저 내려 상쾌하며 무지개도 볼 수 있었다. 자연 휴양림 속에 와 있는 느낌이었다. 아이들은 놀이 공원에 간다고 하니 마음이 들떠 잠도 이루지 못하고 아침에 깨우지 않아도 일찍 서둘러 일어났다. 유럽의 많은 성당과 건축양식을 봐서 흥미를 느끼지 못하고 있을 때쯤 놀이 공원은 아이들에게 신이 나는 이벤트였다.

어른인 우리 부부도 유럽 최대 놀이 공원이라고 해서 우리나라와 어떤 다른 시설을 갖추고 있을지가 궁금했고 호기심이 생겼다. 주차장 끝이 보이지 않을 정도로 넓어서 입구에서 밀리지 않고 편하게 주차할 수 있었다. 주차한 후 한

참을 걸어서 입구를 찾아가 입장권을 끊고 둘러보았다. 유럽의 나라별 테마를 만들어 음식을 판매하고 국기를 걸어놓고 놀이 기구들이 셀 수 없이 많았다. 점점 사람들은 많이 몰렸지만, 식당이나 놀이 기구를 타기 위한 줄은 지루하게 기다리지는 않아도 되었다. 인기 있는 기구는 20분~30분 정도 기다리기는 했지만, 줄이 빨리 줄어들어 지치거나 지루한 생각이 들지 않았다. 마냥 서 있는 것이 아니라 계속 앞으로 전진하면서 줄이 짧아져 심리적으로 희망이 보였다. 사람이 많아서 놀이기구 몇 개 못 타면 어쩌지라는 걱정은 접어 두었다. 다양한 놀이 기구가 설치되어 있어 사람들이 분산되어 붐비는 느낌도 들지 않고 편하게 기다렸다가 여러 개의 기구를 탈 수 있었다. 아이들이 방방 뛰고 신나는 모습을 보니 덩달아 행복하고 즐거웠다. 예전에 인기 있는 놀이 기구 타기 위해 오랜 시간 기다렸다가 몇 분 타지도 않으면 실망하고 지쳤던 기억이 있었는데 유로파 파크는 상황이 달랐다. 이 점이 만족감을 높여줬고 아이들에게는 가장 행복했던 시간으로 머릿속에 저장되었다. 좋은 시설과 시스템을 갖추고 있으니 독일 주변국에서 가족 단위로 방문하는 다양한 민족들을 볼 수 있었다.

점심 메뉴로는 아직 가보지 않은 나라 그리스 음식을 선택했다. 그리스 국기가 걸려 있는 식당에 가서 식사했는데 맛도 우리가 자주 접하는 튀김류 종류라 부담감 없이 맛있게 먹을 수 있었다. 아이들은 유로파 공원이 천국이라 표현했다. 점심을 먹었더니 에너지를 얻은 아이들은 하나라도 더 타기 위해 다시 발걸음이 빨라졌다.

20대 때는 겁 없이 번지점프까지 도전했지만, 나이 들면서 무서운 기구는 꺼려졌다. 하지만 이 날만큼은 아이들과 함께하니 전율을 만끽하며 동심에 빠져 여러 차례 타고 싶을 정도로 재미있었다. 약간은 겁이 나서 타기 싫은 것도 아이들이 함께 타자고 하여 어쩔 수 없이 탄 것도 있다. 타고나면 아이들보다 더

신이 나서 한 번 더 타자고 하기도 했다. 아이들은 무서워하는 놀이기구가 없을 정도로 성장하여 즐기는 것을 보니 시간의 흐름이 실감 났다. 해가 뉘엿뉘엿 지고 어두워지려고 하는 시점에서 예상 시간보다 더 많이 놀다가 저녁 8시쯤 출구로 나왔다. 독일에서 스위스 루체른 숙소까지 가야 할 길이 먼데 아이들의 "조금만 더"라는 소리에 못 이겨 버티고 버텨 그때야 나온 것이다. 그 모습을 보고 있으니 자신이 좋아하는 일만 하면서 살면 얼마나 행복할까 라는 생각도 들었다. 계속 싱글벙글 웃고 있으니 언성을 높일 일도 화를 낼 일도 없어 가족이 모두 행복한 시간이었다. 아이들이 몇 시간 동안이라도 천국에 있는 느낌으로 재미있어하고 즐거워하는 모습을 보여주어 돈이 아깝다는 생각이 들지 않았다.

렌터카를 반납하고 스위스 바젤에서 기차 타고 루체른 숙소까지 오니 자정이 다 되어 갔지만, 아이들은 피곤해하지도 않고 아쉬움의 표현만 내뱉었다. 한 사람당 5만 원이 넘는 돈이 전혀 아깝지 않을 정도로 멋진 경험을 하고 와서 뿌듯했다. 독일은 어떤 다른 나라보다 규모가 남다르다. 규모가 큰 박물관이나 공원, 성벽 등이 많이 있어 여행하기 위해서는 시간을 많이 내야 한다. 유로파 공원에서도 시간이 부족하여 타지 못한 놀이 기구가 많았다. 그만큼 넓고 규모가 어마어마해서 붐비지 않았다.

다시 일상으로 돌아와 아이들은 학교 다니다가도 유로파 공원에서 있었던 에피소드를 이야기하며 즐거워했다. 기회가 주어진다면 다시 가보고 싶고 타보지 못했던 기구들을 모두 타고 싶다고 했다. 걱정거리 없이 함성 지르며 보냈던 하루가 그립기도 했다. 아이들과 독일에서 경험해보지 못했던 추억이 하나 더 생겨 좋았다. 이야깃거리가 생겨서 좋고 즐거웠던 기억이 있어 행복한 일이다. 추억을 차곡차곡 쌓으면서 살아가는 것이 인생이기에 좋은 사람들과 좋은 추억을 많이 만들고 싶다.

　아이들이 너무나 좋아해서 기회를 만들어 유로파 공원을 재방문하고 싶었지만 실행하지는 못했다. 성인이 되어 경제적인 독립 후 방문하라고 말해주었다. 여운을 남겨 놓는 것도 다시 찾게 만들 수 있는 이유가 되기 때문에 나쁘지만은 않다. 같은 장소라도 몇 살에 다녀왔느냐와 함께 한 사람이 누구냐에 따라서도 느낌이 다른 것이다. 신혼여행 시 루체른을 잠깐 보았을 때와 가족들과 다시 찾은 루체른에 대한 느낌이 다르듯이 말이다.

　놀이 공원 같은 곳을 좋아하지 않아도 아이들과 다니면 그 기분과 분위기에 빠져 자신도 모르게 즐기게 된다. 아이들이 행복해하는 모습을 위한 시간 투자도 보람된 일이다. 아이들이 어릴 때나 같이 다닐 수 있지 성장해 버리면 함께 하고 싶어도 함께 해주지 않는다. 함께 즐기는 시간을 가지며 어떻게 즐길지에 대해서도 이야기 나누는 것도 좋다. 아이들에게 잊지 못할 여행지 베스트 5위 안에 들어가는 이벤트가 되어 주어 갈까 말까를 고민했던 것이 미안할 정도였다. 우울할 때는 유로파 공원에서 놀았던 기억을 떠올리라는 아들의 말이 생각난다.

점심식사 위해 다시 집에 오다

아들에게 엄마의 어떤 점이 가장 좋은지 물어본 적이 있었다.

엄마가 있어 맛있는 음식과 밥을 먹을 수 있어 좋다는 것이 첫 대답이었다. 의식주 중에 식(食)을 가장 중요하게 생각하는 초등학생 저학년의 대답이었다. 그 대답으로 서운하기도 했지만, 곰곰이 생각해보니 가장 중요하면서 기본적인 일이라 그렇게 생각할 수 있겠다 싶었다. 아들의 대답에 부응하기 위해 더 열심히 인터넷에 요리법을 찾아가며 해 줄 수 있는 요리를 선보였다.

아이들 학교입학 첫날 선생님으로부터 간단한 오리엔테이션을 받는데 급식이 제공되지 않는다는 말에 깜짝 놀라고 당황스러워했던 기억이 난다. 부득이한 경우는 학교와 결연을 맺은 레스토랑에서 만들어온 음식을 신청하여 먹는다는 것이다. 그 외 대부분의 학생은 집에 가서 먹고 다시 학교에 가야 하는 시스템으로 되어 있었다. 점심시간이 다가오면 꼼짝없이 집에서 식사를 준비하고 기다려야 하는 상황이 벌어졌다. 아이들 등교시키고 나면 자유의 몸이 될 줄 알았는데 얽매인 몸이 된 것이다. 버스 시간이 정해진 스케줄대로 정확하게 운영이 되어 12시쯤 집에 도착하면 바로 먹을 수 있도록 준비해 놓고 1시 18분에 출발하는 버스를 타고 다시 학교로 가야 오후 수업을 받을 수 있었다. 혹시라도 늦을까 봐 알람시계를 맞춰놓고 학교 수업 시간에 지장이 없도록 움직였다.

한참 성장하는 시기여서 영양을 생각하지 않을 수 없었다. 구하기 어려운 재료들도 있고 국이나 찌개류는 만들 수가 없어 채소와 고기 위주로 먹이고 치즈와 유제품을 자주 사 주었다. 과일이나 채소는 스페인, 이탈리아 등 주변국에서 수입해온 것들도 많았다. 기온이 높은 스페인에서 온 과일들은 달고 맛있어서 끊이지 않고 먹었다. 비타민도 먹어줘야 하고 아이들이 좋아해서 귤, 망고 등은 세일 행사를 할 때 많이 사두고 매일매일 먹였다. 체력을 보충해주는 영양제도 먹이지 못했기 때문에 신선한 채소와 과일이라도 먹고 싶을 때마다 먹을 수 있게 사들였다. 잘 먹어서 크게 아프지 않았고 병원에 가지 않고 힘든 여행 일정도 소화하면서 다녔던 것 같다. 한국에 귀국하기 몇 달 전부터는 키도 부쩍 컸음을 확인할 수 있었다.

한국에서는 학교에 가기 위해 아침에도 몇 번이나 깨우고 식사도 잘 안 해서 먹여주곤 했었다. 활동량도 많고 몸이 덜 피곤해서 그런지 아침 기상 시간에도 잘 일어나고 식사도 뚝딱 먹고 다녔다. 아침은 반찬을 몇 개 해 주어도 잘 먹지 않아 채소와 고기류를 넣어 만든 볶음밥 위주로 만들어주면 반찬은 따로 없이 볶음밥만 먹으면 되니 오히려 잘 먹었다. 재료와 소스의 맛을 다양하게 하여 준비해주면 맛있게 잘 먹어주어 고마웠다. 아이들이 먹기 싫어할 때는 억지로 먹이려고 에너지를 쏟지 않았고 선호하는 음식 위주로 해주면 잘 먹었다. 학교 입학 전에는 바쁜 아침 시간에 간단하게 먹을 수 있는 단품 요리로 주먹밥이나 유부초밥 등도 좋다. 여러 가지 해주려고 하면 스트레스만 받고 아이들이 생각보다 잘 먹어주지도 않으면 고생한 보람도 없이 속상해진다. 이것은 아침 전쟁을 몇 해 치르고 나서 깨달은 것이다.

점심시간은 활동하고 온 시간이라 허기지고 밥맛이 좋을 것 같아 밥의 양도 늘리고 가끔 별미로 피자, 스파게티, 닭고기 요리를 해주면 너무나 좋아했다. 잘 먹다가도 떡볶이, 김밥, 김치 등 한국 음식이 먹고 싶다고 이야기하면 안타까운 마음이 들기도 했다. 입맛에 젖어 있는 음식들이 그리워지는 것은 어쩔 수 없는 일이었다. 한국음식이 그리울 만하면 스위스를 방문하는 지인들이 있어 한국 재료들을 부탁해서 김밥과 떡볶이를 해 먹기도 했다. 만약 한국식을 전혀 접할 수 없는 곳에 가서 살게 된다면 음식에 대한 향수로 인해 우울하기도 할 것 같았다. 먹고 싶을 때 먹을 수 없다는 것이 슬픈 일 아닌가! 인생에 있어 먹는 재미가 큰 것이다.

날씨가 화창한 날에는 스쿠터를 타고 학교에 가기도 했다. 학교에서 집이 가까운 친구들이 스쿠터만 타고 학교에 오는 것이 부럽고 해 보고 싶었던 모양이었다. 아들은 스쿠터를 타고 가다가 버스가 오면 버스에 스쿠터를 옮긴 후 학교까지 가는 것이다. 짐이 있으면 위험할 것 같아 제지하다가 해보고 싶은 것은 해보게 하는 것이 좋겠다 싶어 주의를 주고 스쿠터를 타고 학교에 가 보도록 했다. 그것도 몇 번 가지고 다니더니 재미가 없는지 안 가지고 다녔다. 아이들은 남들이 하는 것이 부럽기도 하고 친구에게 보이기 위해 하는 행동들이 있다. 무조건 못하게 하는 것은 반발심만 유발하여 옳지 않은 방법임을 깨달았다.

학교 다니는 내내 점심을 같이 하면서 오전에 학교에서 있었던 이야기를 듣는 것이 즐거움이기도 했다. 하루에 3끼를 늘 함께하면서 귀찮을 때도 있었지만 요리를 하면서 아이들을 기다리는 시간이 행복하기도 했다. 지금 아니면 해 줄 수 있는 것이 아니기 때문에 즐기면서 요리하며 창밖을 보고 아이들을 기다렸던 것 같다. 조잘조잘 시끌시끌했던 집이 아이들이 다시 학교로 가고 나면 고요해지고 나만의 시간을 가질 수 있었다. 버스 타러 가기 위해 뛰어가는 아이들의 뒷모습을 보면 흐뭇 해졌다. 이런 생활 양식으로 살아볼 기회를 누릴 수 있어 마음의 부자가 된 것 같았다.

제4부
가족이 함께 하는 추억 쌓기

소매치기와 빈대 사건

여러 나라를 여행하다 보면 생각지도 못한 사건과 사고들이 자주 생긴다.

그중 잊을 수 없는 사건이 소매치기를 당한 것과 숙소가 외관상으로는 깨끗해 보였는데 신랑이 빈대에 물려 고생한 사건이 있었다. 가족 여행 중 깔끔한 숙소에서 자고 일어났는데 남편만 베드 버그(빈대)에 여러 군데 물려 소스라치게 놀랐다. 팔다리가 울긋불긋하더니 가렵기 시작했다. 다행히 가지고 있던 피부연고가 있어 여행 내내 바르면서 다녔다. 남편은 엄청 깔끔해서 아침, 저녁으로 샤워를 하는 사람인데 신랑이 덮고 잔 이불이 문제였던 것 같다. 빈대는 여름에만 있는 줄 알았는데 2월인 겨울 여행 중 물린 벌레 자국은 며칠이 지나도 아물지 않고 발갛게 변했다. 간지러운 것을 참을 수 있는 어른이라 다행이지 아이들이 물렸다면 얼마나 고생했을까 싶었다. 미안한 이야기이지만 아이들이 물리지 않아 가슴을 쓸어내렸다. 빈대에 물린다는 것을 남의 일로만 생각했지 우리에게 발생하리라고는 생각지도 못했다. 일주일이 지나도 쉽게 가라앉지 않는 것을 보니 독한 벌레였다. 여행 시에는 벌레 물린 데 바르는 연고 하나 정도는 필수품임을 잊어서는 안 된다. 전혀 예상하지 못한 일들이 벌어져 당황하게 되는 경우가 발생한다. 그런 일들이 벌어질 때마다 상황에 맞게 대처를 잘하는 것이 중요하다. 여러 번 경험하다 보면 노하우가 생긴다.

　또 당하지 말아야 할 일 중 하나가 벌어진 사건도 있었다. 우리 가족이 스위스에서 살게 된 덕분에 친인척분들이 오셔서 함께 여행하는 시간을 가졌었다. 10명이 함께 여행을 다니던 중 벌어진 일이다. 유럽 곳곳에 소매치기가 많다 하여 긴장하고 다녔었는데 여행 계획 중 막바지인 이탈리아 밀라노에서 스위스로 가기 위한 기차에서 벌어진 일이다. 밀라노 기차역에서 8개의 여행용 가방을 들고 정신없이 정리하고 있는데 소매치기를 당한 것이다. 탑승 시 기차와 기차 사이에 서 있던 여자 두 명이 들어가지 않고 있었던 것이 이상하기는 했다. 그때 직감으로 눈치를 챘어야 했는데 무심코 지나친 것이 화근이 되었다. 우리에게 친절하게도 먼저 들어가라고 손짓을 하더니 가족 중 한 명 앞에서 콜라를 고의로 떨어뜨렸다. 상대방이 미안하지만 콜라를 주워달라고 하여 허리를 숙였는데 그사이 가방에서 돈 봉투만 빼갔다. 또 다른 가족 한 명에게는 여행용 가방을 선반 위에 올려 달라고 하더니 가방을 올려주는 사이에 돈 봉투를 빼간 것이다. 말 그대로 찰나의 순간이었다. 안타깝게도 눈 깜짝할 사이 그 여자들이 사라진 후에 알게 되었다. 한편으로 다행인 것이 돈 냄새를 맡은 건지 돈이 들어있는 봉투에서 돈만 빼가고 여권이나 카드 등은 가져가지 않았다. 여행객을 상대로 돈만 노리고 접근한 전문 소매치기꾼이었다. 그 짧은 몇 초 사이에 가방의 지퍼도 열고 돈을 빼간 후 친절하게도(?) 가방의 지퍼까지 닫아놓고 갔다. 순식간에 놀라운 일이 벌어진 것이다. 얼마나 훈련을 많이 했는지 몹쓸 능숙한 솜씨에 너무 황당하여 입만 벌어졌다. 여행객들이 정신없는 순간을

150

틈타서 친절을 베푸는 척하고 가방에 손을 대는 수법이었다. 친절한 접근에 의심했어야 했는데 마음을 좀 놓고 있었던 것이 화근이 되었다. 등이 오싹하고 무섭기까지 했다. 멀쩡하게 생긴 여자들이 팀을 이루어서 많은 여행객의 돈에 손을 대고 있다고 생각하니 끔찍하고 여행이 겁나기까지 했다. 워낙 소매치기가 많다고는 들었는데 정부 차원에서도 제압할 방법이 없는지 국가 이미지에도 악영향을 주는 나쁜 사람들이었다. 여행의 끝자락에 잊어버리기는 했지만 적지 않은 돈을 잊어버려 기분이 안 좋고 속상하기도 했다. 소매치기 당한 사람은 속이 상해 식사도 거르기까지 했다. 부주의로 인해 벌어진 일이라 누구의 탓도 못 하고 기차 안에서 속상한 마음을 가라앉히며 위로 해 줄 수밖에 없었다.

밀라노 기차역에서는 기차탑승권을 보여주고 들어오게 되어 있는데 그 전문 소매치기꾼들은 기차표도 미리 끊어 놓고 들어와서 타깃 삼을 만한 여행객을 물색하고 접근하는 모양이었다. 직접적인 경험으로 여행 시 과잉 친절을 베푸는 사람들의 접근은 피해야 함을 절실히 깨달았다. 기분 좋은 여행에서 겪지 말아야 할 일을 경험하여 씁쓸했고 혹시나 다른 여행객들도 쉽게 당하게 될까 봐 걱정되었다. 젊은 친구들이 힘들게 아르바이트해서 번 돈을 차곡차곡 모아 유럽여행 왔는데 그 돈을 소매치기당하면 얼마나 괴롭고 속상할까 하는 생각도 들었다. 유럽여행 온다는 사람이 주변에 있으면 조심하라고 신신당부해야겠다. 한 번의 사건으로 안 좋은 기억이 남았고 영영 잊지 못할 좋지 않은 이야깃거리로 남게 되었다.

다양한 인종들이 사는 유럽에서는 경제적으로 살아가기 힘든 사람들이 많다고 들었다. 부유한 나라임에도 유동인구가 많은 기차역 주변에는 적은 돈이라도 벌고 싶어 옳지 않은 방법으로 살아가는 사람들을 자주 볼 수 있었다. 남의 돈을 갈취하여 쉽게 번 돈은 요긴하게 소비되는 것이 아니라 흥청망청 쉽게 써 버리고 다시 또 나쁜 짓으로 생계를 유지하며 살아간다. 악순환의 꼬리에 꼬리를 물고 전문 소매치기만 증가한다면 여행자들이 맘 놓고 어떻게 다니나 걱정이 되기도 했다. 이런 계기로 조심해야 함을 깨달았고, 방심하지 말고 많은 돈을 소지하고 다니지도 말 것이며, 돈은 분산해서 넣어두어야 할 것 같았다. 가족들 머릿속에서 떠나지 않은 분함이 며칠 동안의 화젯거리가 되어 문득문득 떠올랐다. 이미 지나간 것의 좋지 않은 기억은 빨리 잊는 것이 정신 건강에 좋다. 이런 경험으로 다시는 소매치기 당하지 않도록 조심하는 수밖에 없다. 그 후 스페인 여행 시에도 소매치기당할 뻔한 사건이 있었다. 사람이 많은 벼룩시장에서 한 명의 남자가 담뱃재를 신랑의 어깨에 털어서 시선을 고정시키고 2명의 남자가 신랑의 지갑을 찾기 위해 몸을 더듬었다고 한다. 이탈리아에서 소매치기를 당했던 경험이 있어 가방을 앞으로 메고 두 손으로 감싸고 다녔는데도 대낮에 대놓고 남자들이 들이댄 것이다. 소매치기들이 신랑의 재킷 안쪽 주머니 깊숙이 있던 지갑을 빨리 찾지 못한 모양이었다. 쉽게 찾지 못한 소매치기들은 신랑이 눈치채고 뭐 하는 거냐고 소리 지르자 도망갔다고 한다. 소매치기당한 물건은 없었지만 무서운 경험을 또 하고 나니 여행 다니기가 조심스러워졌다. 귀중품을 속옷 속에 넣고 다녀야 하나라는 생각이 들 정도였다. 빈부의 격차가 심해지고 먹고 사는 기본이 해결되지 않아 나쁜 짓을 하는 사람들이 증가하는 것 같아 씁쓸했다. 설마 나는 소매치기 당하지 않겠지라는 생각을 버리고 경각심을 가지고 여행을 즐기도록 해야 한다. 행복하기 위한 여행을 소매치기로 인해 불만스러운 여행이 되지 않도록 준비를 철저히 하는 것이 좋겠다. 지금도 잊어버린 돈을 생각하면 가슴이 쓰려 불쌍한 사람 도와줬다고 생각하기로 했다.

유럽의 크리스마스 마켓

유럽의 겨울하면 떠오르는 색다른 문화가 크리스마스 마켓이다.

크리스마스 마켓은 유럽 주요 도시에서 11월 말부터 약 1달간 크리스마스 전까지 대림절에 열리는 행사이다. 대표적으로 규모가 큰 마켓은 독일과 오스트리아에서 열리고 사람들이 많이 모이는 유명한 곳이다. 크리스마스 마켓만 투어하면서 다니는 여행객들도 있을 만큼 아기자기하고 볼거리가 많고 색다른 문화 체험이라 할 수 있다. 물건을 꼭 구매하지 않더라고 볼거리로 눈이 호강하고 먹거리로 입이 호강한다. 크리스마스 마켓이 크게 열린다는 주변국으로 갈까 아니면 스위스에서 볼까 고민되었다. 스위스에서의 마켓부터 체험해 보기 위해 규모가 큰 도시인 바젤과 취리히의 크리스마스 마켓을 방문했다.

기차를 타고 바젤역에서 내려 걸어가는데 크리스마스 분위기는 크게 느껴지지 않았다. 크리스마스 마켓에 도착해서 보니 다양한 행사로 인해 사람들이 북적거렸다. 제일 먼저 눈에 띄는 것은 글루바인(Gluhwein)이라는 '따뜻한 와인'이 여러 군데에서 팔고 있었다. 술을 즐기지는 않지만, 그 맛이 궁금하여 작고 귀여운 예쁜 컵에 따라주는 글루바인을 마셔 보았다. 술이라기보다는 달콤하고 쌉쌀한 과일 주스 같은 느낌이었다. 한잔 다 마시니 약간 알딸딸해지기는 했다. 현지인들은 겨울에 감기 예방으로 이 와인을 즐겨 마신다고 한다. 한 해를 마무리 하면서 삼삼오오 모여 행복해하며 글루바인을 마시는 모습을 보니 우리 가족도 덩달아 기분이 좋아졌다.

동화 속에 나올법한 작은 집들처럼 옹기종기 모여 만들어 놓은 부스에서 수제 물건들이 귀엽게 장식되어 있어 충동 구매하고 싶은 마음이 들었다. 장식품으로 진열해 놓으면 예뻐 보일 것 같아 욕심나는 물건들이 많이 있었다. 여자들의 마음을 흔들리게 만드는 매력적인 물건들이 많아 눈을 뗄 수가 없었다. 짐이 많으면 한국으로 가져가는 것이 문제라 욕심을 버리고 눈에만 한가득 담았다.

아이들에게 원하는 모양을 선택하여 직접 만들어 보게 하는 양초 만들기 체험의 시간을 가졌다. 큰 초를 만들기 위해 오랜 시간 양초 물에 넣었다 빼기를 반복하여 굳은 상태가 될 때까지 기다려서 말린 후 원하는 모양으로 제작을 해주는 곳이었다. 처음 해보는 체험이라 신기해했고 양초가 만들어지는 과정을 배우는 계기가 되었다. 바젤은 아주 큰 규모의 마켓은 아니지만 소소하게 체험해 볼 것들이 있었다. 첫 크리스마스 마켓의 느낌은 편안함과 훈훈함으로 사랑이 전해지는 장소로 느껴졌다.

오후가 되어서는 기차를 타고 다시 취리히로 넘어가 보기로 했다. 취리히는 도시 분위기가 많이 나는 곳이라 어떻게 되어 있을지 궁금해졌다. 연말이라 사람들 마음도 들떠서 그런지 길거리에는 행복해하는 표정으로 사람들이 많이 몰려 있었다. 어둑어둑해지니 여기저기 크리스마스를 위해 만들어 놓은 길거리 전구에 불빛이 아름답게 비추고 있었다. 도시 중심에 인간 크리스마스트리를 만들어 놓고 어린아이들이 크리스마스 캐럴을 부르는 소리가 너무나 아름답게 들렸다. 아이들 캐럴 소리에 빠져들어 심취하지 않을 수가 없었다. 캐럴이다 보니 아는 노래들이 몇 곡 있어서 따라 부르면서 스위스에서 지냈던 이런저런 생각이 떠올랐다. 캐럴 공연하는 아이들의 부모들로 보이는 사람들이 여기저기에서 사진 찍는 소리가 들렸다. 부모의 마음은 세계 어디를 가나 같은 마음일 것이다. 노래 부르는 청량한 목소리가 기분을 차분하게 만들어 주었고 크리스마스를 유럽에서 보내고 있는 것이 실감 났다. 캐럴을 감상하고 취리히에서도 크리스마스 마켓의 분위기를 즐기다가 집으로 돌아왔다. 취리히에는 한국인이 운영하는 한인 마트가 있는 것도 알게 되었고 도시 분위기가 루체른과는 사뭇 다르다는 것도 느꼈다.

가족, 친구 단위로 마켓을 즐기는 분위기가 연말을 흥청망청 술로 보내는 것보다는 훨씬 좋아 보였다. 문화마다 차이는 있겠지만 연말만 되면 인생의 마지막 해를 보내는 것처럼 다음 해 년 초까지 술자리를 즐기는 사람들이 있다. 스트레스를 술로 풀고 술이 있어야 즐겁다고 생각하는 것이다. 술을 마시는 건 좋은데 마신 후에 벌어지는 행동들이 문제를 가져다준다. 술을 즐기는 수단으로 취급해야지 양이 지나치면 실수를 하게 되고 시간과 돈이 낭비되는 수단이 될 수도 있다. 연말, 연시에는 차분하게 한해를 생각해보는 시간을 가지는 것도 나쁘지 않다. 혼자만의 시간을 가지면서 지나간 일들과 다가올 일들에 대해 생각을 정리하고 어떻게 살아갈지에 대해 고민해보는 것도 유익한 시간이 될 수 있다. 크리스마스 마켓을 보면서 연말을 뜻깊게 보내는 방법에 대해서도 잠시 생각하는 시간을 가졌다.

유럽의 크리스마스 마켓 두 군데를 가보니 다른 나라의 마켓도 규모의 차이가 있을 뿐이지 분위기는 상상이 갔다. 그래도 경험이 제일 중요하니까 기회가 된다면 독일의 최대 규모 크리스마스 마켓을 구경해 보고 싶은 욕심이 생겼다. 마켓은 조명을 아름답게 해 놓은 밤에 보는 것이 더 환상적이므로 밤길을 걸어 보는 것도 좋다. 감성에 빠져 친구나 연인과 팔짱을 끼고 다정하게 걸으며 구경해야 할 것 같은 분위기로 몰아간다. 사람은 아름다운 것을 보게 되면 마음도 동요되어 아름다운 생각만 하게 된다. 우리나라에도 크리스마스 마켓이 있다고는 들었는데 분위기가 어떨지는 모르겠다. 유럽의 크리스마스 마켓처럼 가족적인 분위기로 자리 잡아 연말과 연시를 화기애애하고 따뜻하게 보내는 사람들이 많아지기를 바란다.

믿고 타는 대중교통

유럽 여행을 혼자 다니기에도 충분하다고 말하는 이유 중 하나가 대중교통의 편리함이다. 기차는 일등석과 이등석으로 나누어져 있고 선택은 각자가 몫이다. 일등석은 이등석에 비해 공간이 넓다는 것과 의자가 안락하다는 장점이 있다. 금액 차이가 많이 나서 사람들은 주로 이등석을 선택한다. 처음으로 기차를 탄 날은 기차가 익숙하지 않고 짐도 많고 몸이 피곤한 상태여서 일등석으로 표를 끊고 탔다. 일등석, 이등석 모두 기차 역무원들이 돌아다니며 기차표를 점검하였다. 기차를 타기 전에 온라인이나 역 창구에 가서 표를 끊고 타면 승무원이 와서 표를 검사하는 시스템이다. 우리나라와 같은 시스템인 것이다.

버스도 본인이 알아서 버스표를 티켓 자동판매기에서 구매하고 목적지까지 가면 된다. 버스표 검사는 불시에 하므로 표를 꼭 구매한 후 타야 한다. 만약 무임승차 시 적발이 되면 벌금을 내는 시스템이다. 기본적으로 신뢰를 바탕으로 대중교통을 이용하게끔 되어 있는 것이다. 실제로 예고 없이 여러 명의 버스

관계자가 버스 정류장에 나타나 표를 검사하여 적발되는 사례를 본 적이 있다. 말로만 들었는데 버스표 검사를 하는 모습을 직접 보니 더욱더 조심해야겠다는 생각이 들었다.

독일, 이탈리아, 스페인, 프랑스, 폴란드 등 유럽은 대부분 비슷한 시스템으로 되어 있다. 여행 시 버스나 트램을 타는데 티켓을 파는 직원이 있는 창구는 없었다. 프랑스에서 지하철 탈 때만 직원이 있는 창구가 있어 문의한 적은 있었다. 대부분 티켓 자동판매기만 비치되어 있기 때문에 티켓 관련 정보를 알아보았어도 처음이라 당황스러울 때가 생긴다. 영어판이 없어 진땀을 빼고 있으면 현지인들이 도움을 주기도 했다. 이것저것을 눌러보면서 시행착오를 겪으며 원하는 티켓을 구매해야 했다. 잘못하여 더 비싼 티켓을 구매한 적도 있었다. 더 비싼 것이라 문제 될 건 없었지만 잘 몰라서 벌어진 일이라 돈이 아깝기도 했다. 실수하지 않기 위해 잘 알아보고 가도 티켓 종류가 다양하여 한 번쯤은 실수를 경험하게 된다. 유럽의 교통비도 여행자가 불과 1~2년 전에 블로그에 올린 대중교통 금액과 달라 혼란스러운 적도 있었다. 우리나라도 물가 상승이 눈에 띄게 매년 오르는데 유럽도 만만치 않았다. 매년 물가 상승 속도가 빠른 것을 뼈저리게 느꼈다. 아낄 수 있는 부분은 아껴가며 실수하지 않는 여행이 되고자 노력하고 공부했다. 역지사지로 우리나라 여행 다닐 때도 대중교통 관련 고충이 발생하리라 예상되었다. 많은 여행객을 유치하려면 편리하고 다니기 쉬운 교통시설을 만들어 놓아야 불편함을 느끼지 않고 자주 우리나라를 방문하겠다 싶었다. 여행을 다녀보니 우리나라도 여행자를 배려하여 만들어 놓는 시스템이 필요할 것 같았다.

유럽 교통 시스템은 국민뿐 아니라 외국인들까지도 신뢰를 바탕으로 운행되고 있다는 것을 실감했다. 교통비용도 Half-fare, 1일 권, 1년 권 등 다양한 종류가 있어 절약하기 위해 교통비에 대해 공부를 해야 한다. 교통비가 비싼 스위스는 다양한 교통비 시스템을 갖추고 있어 꼼꼼하게 잘 따져서 선택해야 돈을 버는 것이다.

　여러 나라 여행 시에는 유레일패스를 이용하면 절약할 수 있다는 막연한 이야기를 듣고 무작정 일등석으로 15일 권을 급하게 구매하여 가지고 갔다. 유레일패스 티켓만 있으면 유럽권 어디를 가도 교통비는 무료인 줄 알고 티켓을 샀을 정도로 무지했다. 구매한 티켓을 이용하려고 알아보니 예약을 해야 하는 구간도 많고 예약비도 따로 청구되어 좀 당황스러웠다. 여행 일정을 정확하게 짜서 정해진 날짜와 시간까지 예약하는 것이라 만약에 예약한 시간에 못 타면 손해를 보는 것이다. 여행 내내 예약해 놓은 기차를 타기 위해 여행사를 통해 깃발 단체 여행 다니듯이 시간에 쫓겨서 다니게 되었다. 정해 놓은 스케줄이 엉망이 되어버리면 모든 일정이 꼬이므로 일정대로 관광명소를 구경하고 바로바로 이동하였다. 유레일패스를 가지고 2주 일정을 짜는데 1주도 넘게 걸린 것 같다. 일정을 잡는데 온종일 시간을 쓴 것은 아니지만 그만큼 신경 쓰고 챙기고 알아봐야 할 것이 많아 유레일패스에 대해 공부를 많이 하게 되었다. 귀찮아하는 버릇에 빠진 사람은 절대 못 하겠다는 생각까지 들었다. 오스트리아-헝가리-스위스-프랑스-이탈리아 5개국을 2주 동안 다닌 교통비를 보니 유레일패스를 이용한 것이 금전적으로 절약되기는 했다. 여행경로를 잘 짜서 다니면 더 많은 이득을 볼 수도 있다. 야간열차도 타 보려 했는데 미리 타본 여행객들의 글을 보니 불편하고 좋지 않았다는 평이 많아 무리할 것까지는 없을 것 같아 타지 않았다. 유레일패스를 이용하여 경험해보니 정보도 얻었지만 쉬운 일은 아니라는 것도 알게 되었다. 일등석이라 좌석은 편하게 다녔다. 자유여행을 떠나려면 부지런해야 하고 알아본 만큼 얻는 양도 다르다는 것도 알게 되었다.

유럽 대중교통이 편리하게 갖춰져 있어 안전하게 다닐 수 있었다는 사실에 고마운 생각이 들었다. 모르면 현지인들에게 물어보면 친절하게 알려주니 겁내지 말고 유럽 자유여행에 도전해 보기를 추천한다. 믿고 타는 대중교통의 매력을 느낄 수 있을 것이다.

변덕쟁이 날씨

유럽날씨는 꼬마 여자아이들 마음처럼 변덕이 심하다. 아침에는 비바람이 불다가 점심때쯤 햇빛이 비치고 저녁때쯤 다시 폭우가 쏟아지는 날도 있었다. 변덕스러운 날씨 덕분에 무지개도 자주 보았다. 날씨 변화가 심해 비옷이나 우산을 지참하고 다녀야 마음이 놓였다. 4월에도 3일 정도는 25도 정도 되면서 뜨거운 날씨를 보여 호숫가에 비키니만 입고 다니는 사람이 많았는데 며칠 후 기온이 10도 내외로 되면서 싸늘한 추위가 느껴지기도 했다. 곧 여름이 올 것 같은 날씨에 갑자기 초겨울 날씨로 변하니 감기에 걸리게 되는 것 같다. 매일 나가서 조깅하고 걷고 싶은데 3일 이상 비가 오기 시작하면 스산한 느낌에 집 안에서 비 오는 풍경을 구경하며 차를 마시고 글을 쓰는 데 집중할 수 있었다.

소낙비가 자주 오니까 우산을 쓰기가 귀찮은지 현지인들은 우산도 쓰지 않고 비를 맞고 다녔다. 어른이나 아이 할 것 없이 비가와도 자전거를 타고 비가 오면 오는 대로 맞으면서 걸어 다닌다. 비가 쏟아져도 조깅을 하는 사람들도 볼 수 있었다. 자연환경에 수긍하며 크게 개의치 않고 하던 일을 하는 것이다.

우리 마음도 때로는 변덕쟁이 날씨처럼 오락가락할 때가 있다. 한 가지 목표를 정해서 가다가도 일이 잘 풀리지 않으면 내려놓고 다른 일 할까를 고민하게 된다. 일을 진행하는 과정에서도 잘못된 선택은 아닌지 처음부터 다시 생각하기도 한다. 갈피를 잡지 못하고 중심을 잃게 되는 것이다. 사람과의 관계도 마찬가지이다. 상대가 좋게 느껴지다가도 한순간 틀어져서 다시는 보고 싶지 않을 만큼 미워지기도 한다. 변덕이 심하지 않고 그 자리에 머무르면서 항상심을 유지하는 것이 중요한 것 같다.

감정 기복이 심하면 곁에 있는 사람도 함께 힘들어진다. 20대 초반에 마음이 불안하고 힘들어서 감정 기복이 심했던 적이 있다. 사회 초년생이 사람들과 밀접한 관계 속에서 일하는 간호사 생활을 하면서 밤 근무 때가 다가오면 신경이 날카로워지고 예민해져서 엄마께 짜증을 내기도 했다. 지나고 나니 철없이 행동했던 기억이 난다. 밤 근무 시에는 환자 간호에 있어 긴장을 더 하게 되고 피로감이 쉽게 다가와 가까운 사람에게 나의 감정을 투사하게 되었다. 우울함이 나도 모르게 찾아오고 말수가 적어지면서 기분이 가라앉는다. 다시 정상적으로 낮 근무가 되면 기분이 정상으로 돌아와 우울함이 좀 사라진다. 환경이 사람의 감정을 통제하는 것이다. 이렇다 보니 주변에서는 감정기복이 심한 사람으로 찍힌 적도 있다. 밤 근무 때가 되면 잠도 못자면서 일하는 것이 힘들어서 적응하는데 시간이 오래 걸렸다. 생체 리듬이 깨지면 견뎌내는 힘이 약해지는 것이다. 맞지 않는 리듬대로 살아가면서 억지로 버티니 건강도 나빠지고 울적해졌다. 목표가 명확하게 있어 쉽게 퇴직하지도 못했고 약 4년을 견디고 버틴 스스로가 대견스러울 때도 있다. 어디를 가든 사회생활이 녹록치 않다는 것을 깨닫기 위해 시간이 지나면 나아 질 거라고 믿고 다녔다. 시간이 지나 감정 변화는 자리를 잡았지만, 체력적으로 버티기가 힘들다는 생각과 예전부터 해보고 싶었던 일이 있어 퇴직을 결심한 것이다.

쉽게 포기하지 않고 할 수 있을 때까지 견뎌낸 힘이 있어서 다행이었다. 그런 힘으로 지내야 후회를 덜 하는 삶을 살 수 있다. 자신과 맞지 않는다고 쉽게 포기해버리면 나중에 후회가 많이 남는다고 한다. 사람 변덕, 직장 변덕, 입맛 변덕 등 변덕이 심하면 주변에서는 비호감으로 낙인이 찍힌다. 자신이 무엇을 좋아하는지, 무엇을 잘하는지를 질문하면서 지내면 중심을 잃지 않고 줏대 있게 나아갈 수 있다. 자주 변덕 부리는 사람은 자신에 대한 깊은 공부를 먼저 해야 할 필요성이 있다. 그런 시간을 가지고 나면 흔들리지 않고 자신이 추구하는 삶이 무엇인지를 조금씩 알아갈 수 있다.

변덕스러운 날씨로 인해 갑자기 비가 오면 우산을 챙길껄이라는 생각을 하듯이 안 좋은 결과가 나타났을 때 그때 잘할껄하며 후회하는 경우가 적었으면 좋겠다. 어떻게 보면 미래의 인생도 변덕쟁이 날씨처럼 어떤 모습으로 어떻게 펼쳐질지는 아무도 모르는 일이다. 그렇다고 변덕스러운 날씨 탓만 하고 있으면 발전이 없다. 변덕스러운 날씨와 상관없이 어려움이 와도 헤쳐 나가면서 내일을 살아갈 준비를 해야 하는 것이 우리들의 몫이다. 누구에게나 똑같이 주어지는 하루를 어떻게 보내느냐에 달려있다. 날씨 탓만 하고 주저앉아 버리면 아무것도 남지 않지만, 그 비를 뚫고 나가면 무엇이라도 남는 것이 있다. 때로는 내리는 빗 속에서 춤을 추며 즐길 줄 알아야 한다. 비가 많이 쏟아져도 운동하는 사람들처럼 내 앞길을 위해 전진하는 사람이 되려고 노력 중이다. 비가 온 후 햇살이 비추고 무지개가 뜨는 날도 분명히 올 것이기 때문이다.

4월부터 해변에서 Suntan

4월 초에 스페인의 바닷가를 따라 여행하기로 정했다.

스페인은 지중해를 둘러싸고 있어 해산물도 풍부하며 값도 저렴하고 볼 것도 많아 매력적인 나라로 느껴졌다. 바닷가와 남쪽 지방은 4월인데도 여름 옷차림이 어울릴 정도로 햇살이 뜨겁고 강렬했다. 운전하고 가다가도 멋진 바닷가가 나오면 차를 세우고 쉬었다 가곤 했다. 이것이 자유여행의 참맛이다. 그중 '알리칸테'라는 도시에 있는 바닷가 모래를 보고, 파도 소리를 들으니 그냥 지나칠 수가 없었다. 차를 주차장에 세우고 우리 가족은 신발과 양말을 벗어서 손에 쥐고 바다 모래사장을 걷다가 발목까지 바닷물에 담가 보기도 했다. 멀게만 느껴지던 지중해를 직접 보고 느껴보니 기분이 묘했다. 가족 단위로 공을 주고받으며 즐기는 사람도 보였고 모래성을 쌓으며 노는 아이들 모습도 보였다. 사람도 붐비지 않고 한가로운 모습을 보니 괜히 미소가 지어졌다. 나이나 몸매는 상관없이 비키니만 입고 백사장에 누워 앞뒤로 몸을 뜨거운 햇살에 맡기는 모습도 볼 수 있었다. 나이 드신 여성이 가슴도 가리지 않고 남편과 함께 아무렇지도 않은 모습으로 누워 있는 광경을 보니 신기했다. 한국 정서상으로는 공공장소에서 남사스러운 일이었지만 누구도 뭐라 하는 사람이 없고 눈길도 주지 않았다. 유럽에서는 흔하게 볼 수 있는 광경이라 특별한 것도 아니고 평범한 모습으로 여기는 것 같았다. 그게 바로 문화의 차이인 것이다.

또 다른 재미있는 문화가 길거리 어디에서나 쉽게 볼 수 있는 남과 여 사이에 키스하는 광경이다. 요즘은 우리나라에서도 길거리 키스를 보기도 하지만 도가 지나치면 사람들이 눈살을 찌푸린다. 처음에는 초등학생 고학년인 딸이 유심히 쳐다보는 것 같아 좀 민망스럽기는 했지만, 그것이 사랑하는 사이에서 자연스러운 모습이라 설명해주고 나니 크게 신경 쓰이지 않았다. 억지로 숨기는 것보다는 사랑 표현법에 대한 설명이 필요한 시기라 생각했다. 서서히 성에 대해 눈을 뜨는 시기가 다가오니 오히려 적절한 시기에 일상 속에서 알려주는 것 같아 좋은 기회로 생각되었다. 젊은 사람들뿐 아니라 나이가 지긋하신 분들도 길거리에서 사랑 표현하는 모습이 낯설지 않게 느껴졌다. 너무 지나친 것도 문제이지만 너무 가리고 감추는 것도 호기심을 유발하여 문제가 될 수 있다. 도가 지나치지 않을 정도의 범위 내에서는 남녀 사이의 사랑이 아름답게 보였고 부럽기도 했다.

스위스에서도 5월쯤 되어 햇살이 강하게 비추는 날이면 바닷가가 없으니 호수가 주변으로 사람들이 모여든다. 그곳에서 작은 BBQ 파티도 열고 잔디밭에서 축구, 발리볼, 배드맨턴 등 다양한 운동도 한다. 얇은 수건을 깔고 누워서 썬텐을 하는 남녀들이 많다. 우리 가족은 뜨거운 햇살로 인해 피부가 탈까 봐 나무 그늘을 찾아갔다. 현지인들은 햇살을 찾아서 자리를 잡으므로 나무 그늘 자리는 비어 있어 좋았다. 남의 눈치 볼 것 없이 다양한 자세로 다소 민망한 포즈

로도 썬 텐을 즐기는 사람이 많았다. 어떻게 보면 누구의 눈치도 안 보는 자유분방함이 좋아 보이기도 했다. 남에게 피해를 주지만 않는다면 원하는 대로 하고 사는 것이 행복인 것이다. 남의 시선을 의식해서 하고 싶어도 못하는 것보다는 낫다.

실내 수영장에서도 야외 호숫가에서도 체형과 상관없이 대부분 여성은 비키니를 주로 입는다. 몸매에 크게 신경 쓰지 않는 것 같아 외모 지상주의로 인한 스트레스는 덜 받을 것으로 예상된다. 남을 의식하지 않고 살면 피곤함이 줄어들 것 같다. 뚱뚱해도 비키니는 입을 수 있는 일인데 주변에서 욕할까 봐 두려워 입지 못하는 사람들도 많다. 자신감이 없고 괜히 신경 쓰여서 입지 못하는 것이다. 사회적 분위기가 그렇게 형성되어 있어 부담스러운 것은 사실이다. 젊은 세대 사이에서는 문화가 조금씩 변하고는 있는 것 같다.

개인차가 있는 것이라 어떤 것이 옳고 그르다고는 말하지 못하지만, 우리나라 분위기가 남의 시선과 생각을 많이 고려하여 놓치는 것들이 생긴다. 내가 이렇게 행동한다고 주변에서 뭐라 하면 어쩌지? 내가 이렇게 입었다가 사람들이 욕하면 어쩌지? 이런 생각 때문에 해보지도 못하고 생각에만 그치는 일들이 생긴다. 그런 면에서 남에 대해 이야기 하는 것을 좋아하고 깎아내리는 언행은 자제하는 것이 좋다. 본인 사는 데 열중하고 신중하게 집중하면 된다. 얼굴이 드러나지 않는 온라인상에서 악플을 남발하다 보니 소심한 사람들은 상처를 받게 되고 좌절하게도 된다. 한번 구설에 오르면 사람을 들었다 놓았다를 해 가면서 씻을 수 없는 상처를 주고받는다. 그래서 연예인들이 그런 상황들을 견디지 못하고 주저앉고 마는 상황까지 가는 것이다.

타인에게 해를 입히지 않는 정도에서 자신의 소신껏 즐기는 인생을 살아갔으면 좋겠다. 인생에 있어 주인공은 남이 아니라 내가 주인이 되어야 한다. 사회적 분위기를 무시하지 못하기 때문에 다 같이 변하지 않으면 늘 그 자리에 머무는 문화로 정착될 수밖에 없다. 남에게 눈치 주지 않는 분위기로 조금씩 변한다면 각자의 가치도 인정받고 도전하는데 머뭇거리지 않게 될 것이다.

유럽 사람들의 일광욕하는 모습을 보고 여러 가지 생각이 들었다. 전혀 눈치 보지 않고 살 수는 없지만, 나이를 먹을수록 좁은 사고와 편견으로 사람을 대하는 것에서는 벗어나야겠다는 다짐을 했다. 남의 험담으로 시간을 낭비하지 말고 온전히 내 삶에 집중하고 한 발짝씩 나아가는 사람이 되기 위한 노력에 힘써야 한다. 봄 햇볕이 따뜻하니 생각도 따뜻해지는 시간을 가져보았다.

세대 차이 없는 대중음악

유럽의 뉴스거리는 무엇인지 궁금하여 뉴스를 시청하기도 했다. 독일이나 오스트리아 등의 방송도 나와서 채널은 많지만, 프로그램이 다양하지는 않아 보였다. 뉴스를 보면 앵커들의 말투도 경직되어 보이지 않았고 정장 차림보다는 편안한 옷차림으로 소식을 간단하게 전달해 주었다. 뉴스 진행자는 청바지와 면바지를 입은 모습을 볼 수 있었다.

연말에는 가수들이 총출동하여 음악을 즐기는 프로그램이 방영되고 있었다. 우리나라에서 흔히 볼 수 있는 아이돌 가수는 보이지 않았다. 나이 지긋하신 분들부터 20대 가수까지 무대에 나오고 10대부터 노인들까지 모인 관객들이 다 같이 흥에 겨워 가벼운 댄스도 추면서 그 시간을 즐겼다. 세대와 관계없이 대중음악을 함께 즐기는 모습이 보기 좋았다. 중년 가수들의 음악도 따라 부르면서 응원하는 10대의 관객 모습에서 유럽에서는 대중음악 취향의 차이가 크지 않다는 것을 느낄 수 있었다. 다양한 연령층이 활동하는 음악 세계를 전 세대가 구분하지 않고 부모와 자녀 간에 함께 들으며 성장하는 것이다. 함께 꾸준히 듣고 자라니까 부모와 자녀들이 공유하게 되고 공감하는데 어려움이 줄어드는 것이다. 대중음악적으로 세대 간 차이가 크지 않다는 것을 확연히 볼 수 있는 모습이었다.

딸이 초등학생 고학년이 되면서 아이돌 가수의 노래와 댄스에 관심을 가지고 따라 추기도 하고 부르기도 한다. 한국에서 새로 나온 아이돌 가수의 음악은 어떻게도 그리 잘 아는지 빠른 변화에 신기했다. 노래 제목을 말하면서 누가 부르는 노래인 줄 아냐며 물어보고 모른다고 하면 들려주기도 했다. 10대 자녀들과 대화를 나누기 위해서라도 아이돌에 대한 정보를 알고 있어야 하는데 활동하는 아이돌 가수들이 너무 많아 세세하게 알기가 쉽지는 않다. 요즘에 화젯거리인 음악 정도는 알아두고 이야기를 나누려고 애쓰고 있다. 노력은 하지만 나이 듦이 어쩔 수 없는 것이 성장하면서 들었던 음악이 더 끌리게 된다. 10대, 20대 때 들었던 음악에 추억이 있고 아름다움이 전해지니 나도 모르게 그때 그 시절 음악을 들으면 행복해지고 감성에 젖어 든다. 우리 부모님들께서 '가요무대'를 즐겨 보는 것과 마찬가지 흐름이다. 아이돌 가수 말고도 서정적이고 잔잔한 발라드 음악에 대해서도 딸과 함께 들으니 좋아하기도 했다.

청소년들이 그 많은 가수의 멤버 이름도 잘 기억하고 노래도 알고 있다는 것이 신기하기도 했다. 모든 일이 마찬가지로 관심을 가지면 자주 접하게 되고 익숙해져서 자연스럽게 알게 되는 모양이다. 각 세대가 끌리는 음악 세계도 따로 있으니 억지로 강요할 수는 없고 수용하고 존중해주고 가끔은 함께 즐겨주는 것이 좋다고 생각했다. 때로는 가사 내용도 전달되지 않는 시끄러운 기계음만 나오는 음악은 계속 듣기가 힘든 것은 어쩔 수 없는 40대 엄마이다.

아이들과 함께할 수 있는 음악이 뭐가 있을까를 고민도 해보다가 유행 없이 언제나 편안함과 안정감 있게 들을 수 있는 음악이 클래식과 피아노 연주곡인 것 같아 아침마다 틀어 놓았다. 자주 듣고 친숙해지면 어른이 되어서도 듣고 싶어지고 찾게 되는 음악이 되기를 바라는 마음에서였다. 아이들이 강하게 거부하지는 않았지만 잔잔한 연주곡보다는 아이돌 가수의 음악을 선호하는 건 막을 수 없는 일이었다. 동이 트는 아침에는 역시 피아노 선율이 느껴지는 잔잔한 음악이 하루를 깨워주는 신호이다. 반복되는 일상이기는 하지만 오늘 하루에 펼쳐질 일들을 미리 떠 올려보며 감사한 기도도 드리게 된다.

개인적으로 미술 쪽은 문외한이라 일부러 찾아다니며 보지는 않지만, 작품을 보는 것은 좋아한다. 음악은 기쁠 때도 슬플 때도 괴로울 때도 행복할 때도 들으면 들을수록 감정을 좋게 해준다. 아이들이 초등학생이 되면서부터는 일 년에 한 번이라도 우리 부부 둘이서 콘서트장을 찾아가 음악에 빠지는 날을 가지곤 했다. 콘서트 비용이 저렴하지는 않지만, 그 정도의 문화생활은 즐기고 싶었다. 콘서트장에 가 보면 연령대가 비슷해 보이는 사람들로 꽉 차 있다. 같은 음악을 듣고 자란 세대라는 것이다. 50대 가수 콘서트장에 갔는데 아빠를 따라 초등학생 아들과 콘서트에 온 사람도 보았다. 아빠가 자주 듣던 음악을 아들도 공유하고 싶어 따라왔다는 것이다. 부자간에 공유할 수 있는 음악이 있다는 것이 행복해 보였다. 사실 콘서트 비용이 거금이라 부담이 되지만 콘서트를 보고 나면 돈이 아깝다는 생각이 들지 않을 정도로 노래 부르는 가수의 열정을 담아서 나오는 기분이 들었다. 그 맛에 클래식 연주회나 콘서트장도 시간이 되면 찾아가게 된다. 가슴이 답답할 때 걷는 산책도 좋지만, 음악이 주는 힐링도 있다. 독서와 마찬가지로 음악은 외로울 때 친구가 되어 주기도 한다. 텔레비전 프로그램 중에서도 음악 관련 방송과 삶과 관련 다큐멘터리에 채널에 고정이 된다.

　점점 벌어지는 세대 간 음악 세계를 조금씩 줄여가면서 전 세대가 좋아할 만한 대중음악이 있었으면 좋겠다. 나이 불문하고 같은 콘서트장에서 10대에서 80대까지 하나가 되어 즐길 수 있는 음악의 장이 있었으면 한다. 하나의 음악으로 대화를 나눌 수 있는 분위기가 만들어지면 부모와 자식 간에도 친밀도가 더 올라가는데 한몫을 할 것이다. 어른들이 만들어 놓은 아이들의 음악 세계를 인기에만 치중하여 자극적인 면을 부각하기 보다는 아름다운 가사와 선율로 감동을 끌어내는 음악이 많이 선보였으면 한다.

체르마트에서 폭설로 갇히다

루체른 집에서 멀리 보이는 2천 미터 이상 높은 산에는 눈이 쌓여 멋진 풍경을 뽐냈지만 실제로 눈이 자주 오지는 않았다. 눈 덮인 산을 보고 있으면 무상무념으로 마음이 차분해지고 평화만 존재하는 나라에 온 것 같은 착각이 들었다.

12월 뉴스에서는 여행자들이 많이 찾는 유명 관광지인 체르마트 지역에 폭설로 인해 산사태가 있어 오도 가도 못 하고 몇 시간 동안 열차 운행을 안 한다는 소식이 나왔다. 스위스 하면 눈을 먼저 떠오르게 되는데 눈이 많이 오는 지역은 어마어마하게 온다는 것을 실감하며 여행객들이 걱정되기도 했다. 체르마트에서 산악 열차 타고 올라가면 고르너그라트산 전망대까지 갈 수 있다. 전망대 건너편에 보이는 마터호른 봉오리를 보려고 많이 들르는 곳이다. 전망대에서는 한국 컵라면을 먹을 수 있는 재미도 있어 사람들이 많이 찾는다. 고르너그라트 산에서 체르마트 마을까지 산악 열차 타고 내려오다가 중간중간 내려 하이킹을 하면 아름다운 경치에 빠져들게 된다. 우리나라 사람들에게 더 많이 알려진 융프라우보다는 개인적으로는 고르너그라트의 매력에 더 빠졌다.

가을에 우리 가족끼리 고르너그라트에 여행을 다녀온 후 다시 2월에 한국에서 온 손님들과 체르마트 여행 계획을 미리 세워두었다. 불길하게도 아침부터 눈이 퍼붓기 시작했다. 눈이 제법 많이 와서 걱정이 앞서긴 했지만, 계획해놓은 일정이라 미룰 수가 없었다. 기차가 운행하는 것을 보니 큰 무리가 없을 것으로 판단되었다. 체르마트 마을에 도착한 후 마터호른 봉오리를 보기 위해 산악열차로 갈아타고 올라갔다. 나는 이미 가 보았던 곳이라 체르마트 마을을 좀 더 구경하고 일행들을 기다리기로 했다. 눈이 그치지 않고 쏟아져서 작은 체르마트 마을이 눈으로 덮일 것만 같았다. 안타깝게도 날씨가 흐려서 안개가 잔뜩 껴 마터호른 봉오리를 보지 못하고 내려왔다고 한다. 날씨가 맑을 때 깨끗하고 선명하게 아름다운 자연을 눈에 담을 수 있는 것은 자연의 운에 맡겨야 한다. 한국에서 여행 온 분들이라 많이 아쉬워하기도 했지만 어릴 적 쌓였던 눈 속에서 놀던 옛 기억이 되살아나서 좋았다고 말씀하시는 분도 계셨다. 사람은 나이가 들수록 추억으로 사는 것 같다. 같은 상황에 있어도 내 느낌과 다른 사람의 느낌이 항상 일치하지 않으므로 섣불리 판단하고 결정해서는 안 된다는 것을 깨달았다.

문제는 그다음 일정인 온천을 하러 가기 위해 기차를 타려고 하는데 안내 방송이 나왔다. 뉴스에서 들었던 소식이 현실이 된 것이다. 폭설로 산사태가 발생하여 기차 운행이 중단되었다는 소식이다. 그때가 오후 3시 전이었는데 적어도 오후 7시 30분까지는 복귀할 수 있다는 내용이었다. 난감하고 막막했다. 자연재해로 인해 이미 벌어진 일이라 어쩔 도리가 없었다. 방송해주는 대로 기다리며 빨리 복귀되기만을 기도하는 수밖에 없었다. 온천을 가기 위한 일정은 취소되고 차분히 마음을 가라앉히고 늦은 점심 식사하기 위해 미리 사놓은 치킨을 대기 중인 기차 안에서 먹기로 했다. 날씨가 추우니까 기차 안은 개방해 놓고 여행객들이 들어가서 쉴 수 있도록 배려는 해 준 것이다. 여행 중인데 황금 같은 4시간을 넘게 기다림으로 보낼 수밖에 없었다. 오늘 안으로 다시 기차 운행이 될까하는 걱정도 앞섰다. 신기한 것은 다른 대책은 없는지 그 누구 하나 항변하고 따지는 사람이 없었다는 것이다. 자연재해로 일어난 일이라 그냥 덤덤하게 편안한 마음으로 받아들이면서 기다리는 모습이었다.

아이들도 좀 지루해하고 해가 뉘엿뉘엿 지고 있을 때쯤 복귀가 언제 될지 몰라 저녁도 대기 중인 기차 안에서 해결하기 위해 패스트푸드를 사 와서 먹어야 했다. 하루 중 2끼를 기차 안에서 해결한 것이다. 다행인 것은 여러 명의 지인이 함께 있어 서로 의지가 되고 든든했다. 예상 복귀 시간 7시 30분쯤 되니 기차 운행이 다시 시작되었다. 기차에 사람을 꽉 채우고 내려가기 시작하는데 타고 있던 사람들이 일제히 안도의 손뼉을 쳤다. 화를 내는 사람도 없이 묵묵히 기다렸다가 일이 해결되니 손뼉을 치는 여유로움에 울어야 하나 웃어야 하나 갈피를 잡을 수 없었다. 대기 중이었던 많은 사람이 같은 마음으로 손뼉을 쳤던 모습은 잊지 못할 것이다. 폭설로 인해 체르마트에서의 감금은 그렇게 마무리되었다.

긴장된 하루를 보내고 숙소에 와서 이렇게라도 내려온 것에 감사한 생각이 들었다. 먹을 것이라도 사 먹을 수 있는 동네라 다행이었고 소수가 아닌 다수의 사람이 함께하니 덜 무섭고 덜 걱정 되었다. 우리의 오후 일정을 망쳤고 허비된 시간에 대한 보상 언급은 없었지만, 위기 상황에 차분하게 대처하는 모습을 볼 수 있었던 하루였다. 스위스에서 자연재해로 발 묶인 여행객으로 한국 뉴스에 나올 뻔한 사건이었다. 경험하지 않아도 될 색다른 경험을 또 겪은 것이다. 먼 훗날 이야기 나눌 수 있는 사건이 생긴 것이다. 지인들 중 겨울에 스위스 산을 구경 간다고 하면 폭설을 주의하라고 당부해야겠다.

174

동물 친화적인 유럽인들

유럽 사람들이 데리고 다니는 개들을 보면 애완견이라고 하기에는 귀엽지만은 않다. 점심 식사 후 자연을 벗 삼아 산책을 할 때 보면 개들을 데리고 산책하는 사람들을 흔하게 볼 수 있었다. 다양한 인종이 모여 살듯이 개종도 엄청나게 다양하다. 동물을 사랑하는 문화인답게 거리에 본 배설물들은 즉시 치우고 정리를 할 수 있게 배설물 전용 쓰레기통도 곳곳에 배치되어 있었다. 다행스러운 것은 개가 많이 다녀 지저분할 것 같은데 문화 의식이 뛰어나서 그런지 거리도 깨끗한 편이었다. 실제로 처음 보는 개들의 모습이 신기하여 쳐다보게 되었다. 정원이 넓은 집의 구조도 아닌데 애완견이라 하기에는 엄청난 크기의 개들을 데리고 산책하는 모습을 자주 보았다. 집안에서 저 개들을 키운다는 것인데 개를 무서워하는 나로서는 엄두가 나지 않는 일이다. 개가 엄청 많다 보니 마트에 가면 개나 고양이 등 동물들과 관련된 물건들이 진열장에 많이 놓여 있었다. 동물들의 집, 장난감, 먹이, 생활용품 등 사람들과 다를 바가 없어 보였다.

개를 데리고 산책하는 사람들이 많다 보니 개들끼리 친해진 다음 개 주인들이 인사하며 친해진다는 말이 나올 정도이다. 산책하는 사람들은 대부분 개 한 마리 이상을 데리고 다닌다. 덩치 큰 개는 애완견이라 하기보다는 주인 보호견 같아 보였다. 겉모습조차 사납게 생기고 물 것 같은 표정으로 다가오는 개도 있어 가끔 움찔거려졌다. 항상 개 목줄로 묶어서 데리고 다녀야 하는데 사람이 많지 않은 곳에서는 개 목줄을 풀어 놓을 때가 있다. 개 주인이 곁에 있어 문제 되지는 않지만 무서워 보이는 개가 있으면 피하게 되고 해를 입을까 봐 움츠러든다. 한번은 개 주인이 옆에 있었는데도 나를 공격하려고 덤벼들어서 너무 놀라 주저앉고 소리를 지른 적도 있었다. 개 주인이 미안하다고는 했지만 얼마나 놀랐는지 시간이 지나도 심장의 박동 소리가 빨랐다. 항상 개 목줄은 채워서 다녀야 할 것 같았다.

동물들을 사랑하는 마음이 대단한 것 같다. 버스나 기차 안에서도 여행할 때도 개를 데리고 다니는 사람들도 눈에 띄었다. 대중교통 시 동물과 동행 할 때는 동물에 대한 교통비도 따로 지급해야 한다. 동물을 키우는 것이 아이 키우기 위해 필요한 물품과 비용만큼 만만치 않아 보였다.

거주했던 아파트 주변에 있는 산책로는 말들도 다닐 수 있게 허용된 곳이라 승마를 하고 산책을 하는 사람들이 지나가기도 했다. 그곳의 산책로에는 말들의 배설물 양이 많아 처리가 곤란한지 곳곳에 그대로 거름으로 생각하며 방치되어 있었다. 동물 친화적이라 해야 하나 동물원에서나 볼 수 있는 말들이 집 주변에 다니니 생소하기도 했다.

아들이 승마를 좋아해서 승마해볼 수 있는 곳을 찾아간 적이 있었다. 아이들에게 좋은 경험이 될 것 같아 집에서 가장 가까운 승마장을 찾아 체험을 시켜

주었다. 주말에 사전예약을 하고 말과 친숙해지기 위해 말의 털을 빗겨주는 것부터 해 보도록 교육했다. 승마장에는 멋있게 생긴 말들이 많이 모여 있었다. 작은 원형 운동장에서 아이들을 한 명씩 말에 태워 말 위에서 다양한 자세로 타볼 수 있도록 알려주었다. 말을 타고 신나게 달리면 아이들이 환호성을 지르면서 겁내기도 하고 즐거워하기도 했다. 체험이 끝난 후 말을 관리하는 방법, 말에 관한 설명 등을 해 주었다. 사실 말을 오랜 시간 타 보기를 기대했는데 말을 타는 시간은 생각보다 짧아 아이들도 실망했다. 작은 체험이라 생각하고 한 번의 경험으로 만족했다. 승마장을 쉽게 찾아갈 수 있도록 여러 군데 마련되어 있어 유아기 때부터 승마를 해 볼 기회가 주어진 환경이 좋았다. 다양한 스포츠를 즐길 수 있는 환경이 주어진 것이 중요하다는 것을 깨닫기도 했다.

노년이 되어서는 적적한 마음에 개와 함께 하는 인생이 이해되기는 한다. 개와 함께 늙어가면서 말벗도 되고 챙겨줄 식구가 있는 것이 덜 외롭기는 할 것 같다. 유럽에서 지내는 개는 집에만 머물러 있는 것이 아니라 넓은 공원에 나가서 산책할 곳이 많아 개답게(?) 뛸 수 있어 좋을 것 같다는 생각도 들었다.

사람은 사람답게 살아가고 개는 개답게 살아야 행복하지 않을까 생각한다. 사람을 키우는 사람보다 개를 키우는 사람이 많아지는 일도 생기지 않을까 하는 우려도 생긴다. 결혼하지 않고 살아가는 사람이 증가하면서 외로워서 애완견과 함께 가는 인생을 선호하는 이유도 있어 보인다. 사람은 내가 원하는 대로 모두 해주지는 않지만, 개들은 주인이 훈련하면 원하는 대로 조종하는데 수월하고 애교도 부려서 웃음이 생기고 정이 생긴다고 한다. 동물 친화적인 것도 좋지만 사람에 대한 사랑에도 관심을 가지고 살아갔으면 좋겠다.

스위스에서 친구 만들기

　사람 살아가는 이야기에 관심이 많다. 좋은 사람 만나서 이야기 나누는 것을 좋아한다. 외국에서 어떤 사람을 만나 어떤 만남이 생길 것이며 어떤 삶의 이야기가 펼쳐질지 궁금했다. 현지인 중 말벗이 되어줄 친구도 만들고 싶었다. 예전에 호주에서 못했던 것을 이번에는 꼭 해보고 싶었다. 친구를 만들어 한국에 대해서도 알리고 싶었고, 서로 다른 문화 차이와 사고방식에 관해 이야기도 나누어 보고 싶었다. 그러기 위해서는 현지인들이 많은 곳에 가서 부딪치면서 배워야 하는데 어떻게 접근을 할까 고민했다. 영어를 말할 줄 아는 현지인을 찾아 친구로 만들기 위해 탐색해 봤다.

　거주하는 동네를 익히면서 집 근처에 있는 마트를 다녀보았다. 집에서 가장 가까운 마트가 있어 수시로 들락날락했다. 그 마트에서 점원으로 일하는 젊은 여성 중 유독 얼굴이 빛이 나 보이는 사람이 눈에 띄었다. 대부분 일하는 것이 힘든지 표정이 어두워 보이는 점원들의 모습과는 달리 그 점원은 모든 고객에게 밝은 미소로 대했다. 한번은 물건을 반납하고 환급받고 싶어 마트에 찾아갔더니 마침 그 직원이 일을 하는 것이다. 환급을 원한다고 했더니 친절하게 지점 책임자를 불러 주더니 반납 절차를 거쳐 어렵지 않게 환급 처리를 해 주었다. 모든 점원이 영어를 할 줄 아는 것이 아니라 환급 처리가 쉽지는 않을 수도 있겠다 싶었는데 다행히 영어도 할 줄 알고 친절하게 대해주어 그 직원에게 고마웠다. 그 점원과 친구가 될 수 있을 것 같은 느낌이 들었다. 고마운 마음에 쿠키 만들기 체험하는 곳에 가서 쿠키를 만들어 선물로 주었다. 큰 선물은 아니지만, 굉장히 고마워하는 눈빛을 읽을 수 있었다.

그 후 점원이 일하고 있을 때는 방해가 될까 봐 많은 대화를 나누지 못해 편지에 연락처와 집 주소까지 적어 주었다. 평창 올림픽이 개최될 때쯤이라 올림픽 마스코트 관련 선물도 주면서 한국을 알렸다. 선물이 고마웠는지 본인의 연락처도 건네주면서 작은 열쇠고리를 선물로 받았다. 친구가 되고 싶다는 말에 본인도 좋다면서 우리는 가까운 사이가 되었다. 하루는 그 직원의 집에서 일터인 마트까지의 거리가 1시간 정도 걸린다는 이야기를 듣고 퇴근 시간에 맞춰 햄버거도 만들어서 전해 주었다. 배고플 것 같아 퇴근길 기차 안에서 먹으라고 마음을 담아 만들어 주었더니 감동을 한 모양이었다. 사람의 정이 통한 것이다.

일이 없는 날 집에 초대하여 점심을 함께 했다. 카레밥도 만들어 같이 먹고 개인적인 이야기도 나누면서 더 가까워질 수 있는 시간을 가졌다. 아주 깊은 사이까지는 아닌데 가족에 관련된 가슴 아픈 이야기도 서슴없이 해 주는 것에 대해 약간 놀라웠다. 거리낌 없이 편하게 이야기를 해 주니 나도 더 깊은 이야기를 하게 되었다.

나이는 20대 후반인데 사려 깊고 평상시에 자신의 삶에 대한 방향성에 대해 고민을 자주 해 왔던 사람임을 느낄 수 있었다. 대학생 신분으로 마트에서 일하는 것은 돈을 벌기 위한 아르바이트이고 졸업반이라 유치원 선생님으로 일자리를 알아보는 중이라고 했다. 대학생이 되면서부터는 부모님께 손 벌리지 않고 알아서 경제적인 부분을 해결하는 것을 당연시하고 부모님께서도 크게 간섭하지 않는다고 한다. 그런 점이 확실히 한국과 크게 다른 점이다.

일하는 곳에서 "고객에게 잘 웃으며 대해주는 직원은 너밖에 없더라"라는 말을 해 주었더니 고맙다고 하면서 예전에는 소심하고 부끄러움이 많았는데 성격이 바뀌었다고 했다. 그런 점도 나와 비슷한 점이라 통하는 것이 많았다. 영어로 대화가 막히면 번역기를 사용해가면서 4시간 넘게 유익하고 즐거운 시간 보내며 서로에 대해 알아가는 대화를 나누었다. 비록 나이 차이는 컸지만 세대 차이를 느끼지 못할 정도로 시간이 빨리 흘러갔다.

적극적인 자세로 들이대니까 외국 친구 만들기에 성공한 것이다. 가끔 메신저로 서로의 안부를 묻고 만나기도 하고 소식을 전했다. 남자친구 사진도 보여주고 떨어져 지내는 아빠와 관련된 이야기도 해 주었다. 나이를 먹으면서 친구를 사귀는 것이 더 어렵게 느껴질 때도 있었는데 스위스에서 배울 점이 있는 젊은 친구를 만나 기분이 좋았다. 표정이 유쾌한 사람은 다른 사람에게도 유쾌함을 전해준다. 사람을 많이 대해 봐서 그런지 표정으로 사람의 성향을 짐작할 수 있다. 모든 사람의 성향을 정확히 맞히는 건 아니지만 대부분 예상한 것과 다르지 않다. 나이 먹을수록 자신의 성품이 얼굴에 나타나서 본인의 얼굴에 책임질 수 있어야 한다고 들었다. 표정에 책임을 지고 온화한 성품을 가지도록 노력해야겠다는 생각을 자주 한다. 주변을 봐도 욕심 많고 표독스러운 사람의 표정과 여유 있고 배려심 있는 사람의 표정은 다르다.

외국 친구를 만들고 싶었던 이유는 그들의 생각에 대해 서로 이야기 나누어

보고 싶었고 새로운 어울림에 대한 호기심도 있었다. 살아있는 느낌을 받는 순간은 원하는 것을 얻었을 때인 것 같다. 기회가 주어졌을 때 할 수 있는 일을 찾아서 시도하고 실천하는 자세가 중요하다.

그 친구 외에도 아이들 덕분에 아이들 친구 부모님을 만나 친구로 사귈 수도 있었다. 아들 친구 중 중국에서 온 친구도 있었는데 같은 아시아권이라 더 친근하게 느껴졌다. 그 친구 가족을 집으로 초대하여 외국 생활의 어려움에 관해서도 이야기 나눈 적도 있었다. 함께 식사하면서 스위스 문화에 대해 느낀 점과 각 나라의 차이점을 비교해가면서 즐겁게 지냈었다. 그들도 중국으로 귀국하고 멀어졌지만, 통신의 발달로 인해 지속해서 소식을 주고받으며 지낸다. 또 가깝게 지냈던 가족은 형제의 나라인 터키에서 온 가족이었다. 한국에 귀국하기 몇 달 전부터 급속도로 가까워져서 헤어질 때 서로 많이 서운해 했다. 그 후 다른 나라 여행 가서도 사진을 찍어 보내주어 간간이 소식을 전해 듣는다. 언제든 시간과 경제적 여유가 된다면 다시 만날 수 있는 외국 친구들이 있다는 것에 기쁘게 생각한다. 머릿속으로 하는 생각에만 그치지 말고 몸으로 먼저 부딪쳐보면 이루어지는 일들이 많다. 좋은 사람들을 많이 만나면 내 삶도 풍요로워지고 재미를 느낄 수 있다. 그러기 위해서는 나부터 좋은 사람이 되는 것이 우선인 것 같다. 진정성 있는 마음이 전해지면 친구 사귀는데 어려움이 줄어든다. 외국 친구 사귀기 목표 달성을 통해 뿌듯했고 앞으로도 좋은 인간관계를 유지하면서 행복하게 사는 세상을 꿈꿔본다.

유럽의 깨끗한 거리

거리에는 이른 아침부터 젊은 청소부들이 청소하는 모습을 볼 수 있었다.

청소를 자주 해서 그런지 거리는 깨끗한 편이었고, 눈이 내리는 아침에는 일찍부터 시민들이 편하게 다닐 수 있게 제설작업도 시작되었다. 하루를 이른 시간부터 시작하는 아침형 인간이 많았다.

스위스 하면 떠오르는 이미지는 산이 많은 아름다운 자연과 깨끗하고 안전한 거리였다. 걸어 다니다 보면 도심 내 즐비한 건물에 간판이 여기저기 많지 않아 지저분하지 않고 깔끔해 보였다. 간판뿐 아니라 버스나 기차 정류장 광고판 외에는 길거리에 현수막 등이 걸려 있지 않아 정돈된 느낌이었다.

우리나라도 건물의 간판을 정리하여 우후죽순 매달아 놓지 않고 일률적으로 정리하여 예쁜 글씨체로 건물에 하나만 붙여 놓은 도시를 보았다. 보기에도 예뻐 보이고 정리되어 보이니 간판이 많이 있을 때보다 목적지를 찾기도 수월했다. 거리의 간판이 정리되었으면 하는 생각이 많이 들었는데 시도하고 있다니 앞으로 더 많은 건물에서 정리된 간판을 볼 수 있을 것 같았다.

유럽 여행할 때 힘들었던 점 하나가 숙소 이름 등 간판을 내걸어놓지 않았다는 점이다. 여행객 입장에서는 아파트형 숙소의 간판이 눈에 띄지 않게 적혀 있어 헤맨 경우가 많았다. 주소로만 숙소를 찾는데 있어, 호텔이 아니고 아파트형 숙소를 예약한 경우에는 찾기가 힘들어 여러 번 왔다 갔다 하면서 찾아야 했다. 도로명도 벽에 조그마하게 적혀있어 어두운 밤이 되면 잘 보이지도 않았다. 여러 가구가 모여 사는 아파트에는 아파트 입구의 초인종 벨 옆이나 우편함에 이름이 작게 붙어 있는 것을 봐야 확인할 수 있었다. 온라인으로 숙소를 예약하면 도착 시간에 맞춰 집주인이 나와 있는 게 아니라 숙소 비밀번호, 들어가는 방법, 주차 방법 등 모두 메일로 주고받기에 숙소까지 들어가는데 어려움이 따랐다. 숲에서 보물찾기하듯이 하나 찾으면 다음 문제 또 풀기 위해 가야 하는 느낌이 들었다. 간판이 너무 많아도 찾기 힘들고 아주 작게 한 곳에만 적혀 있어도 찾기 힘들다. 음식도 골고루 적당히 먹어야 하듯이 간판도 찾기 쉬운 위치에 적당히 걸려 있어야 한다. 무슨 일이든 적당히 이루어지는 것이 중요하다. 초행길인 여행객들은 길을 찾기 위해 헤매기도 한다. 한눈에 알아볼 수 있게 간판이 걸려 있었으면 하는 마음이 컸다. 유럽은 중세시대 옛날 건물과 도로 바닥도 그대로 유지하려고 새롭게 개발하는 것을 지양하고 있다. 그래서 간판도 많이 걸어 놓지 않는 것으로 추측되었다. 숙소를 찾지 못해 30분 이상 길거리에서 방황한 적도 있었다. 숙소에 도착하기도 전에 지치는 것이다. 결국은 길을 헤매다가 숙소 주인과 전화 통화하여 다시 찾기 시작했다. 요즘은 스마트 폰에 앱을 설치해서 한 번도 가보지 않은 길을 옛날보다는 수월하게 다니는 데 그것마저 없었던 시절에는 어떻게 다녔을까 궁금하기도 했다.

공공장소에 많은 인파가 몰려와서 한순간에 쓰레기가 수북이 쌓여도 바로 바로 치워지니 치우는 거 하나는 속전속결로 이루어졌다. 넓은 공터에 며칠 만에 서커스 공연장이나 놀이동산이 생기기도 하고 이벤트를 위해 임시 건물을 설치했다가 행사가 끝나면 금세 없어진다. 조립형 건물 설치를 손쉽게 하는 시스템이 잘 갖추어져 있어 행사 거리가 북적북적 붐비다가 끝나고 나면 다시 예전처럼 흔적도 없이 깨끗해진다.

거리만 보아도 그 나라의 이미지와 삶의 수준을 엿볼 수 있다. 흡연자가 많아서 길거리에 버려져 있는 담배꽁초는 흔하게 보였지만 대체로 곳곳에 쓰레기통도 많이 설치되어 있고 청소부들이 수시로 움직이는 것 같았다. 거리가 깨끗하니 걸어 다녀도 기분이 좋아지고 휴지가 한 장만 떨어져 있어도 주워서 쓰레기통에 버려주고 싶은 마음이 들었다. 처음 방문했을 때 그 나라의 이미지가 좋아야 다음 기회에도 가보고 싶어지고 좋은 영상이 오랜 시간 머릿속에 남는다. 유럽 중에서도 처음 발을 디딘 스위스 루체른의 도시에 대한 이미지가 좋아 스위스 전체가 깨끗한 이미지로 생각되는 영향을 준 것일 수도 있다. 우리나라도 많은 외국인에게 신선하고 안전하면서 깨끗한 나라의 이미지로 남을 수 있게 힘써야 하지 않을까 생각한다.

레스토랑에서 어르신의 서빙

여행은 숙소도 잘 선택해야 하고 먹는 것도 또한 중요하다. 입으로 느껴지는 즐거움이 크다. 매끼를 사 먹을 수도 없고 식비 지출도 줄이기 위해 숙소에서 음식을 만들어 먹기도 했다. 그 나라와 그 지역에서만 맛볼 수 있는 특별한 음식은 맛을 보기 위해 레스토랑을 찾았다. 나라마다 다르기는 하지만 사람들의 체격은 우리나라 사람보다 큰 편인데 그릇 소품이나 물건들의 규모가 대체로 작았다. 테이블도 넓지 않고 식당의 규모도 작은 곳들이 눈에 띄었다. 음식의 그릇에 비해 양이 적어 실망한 곳도 있었다. 사람들이 SNS에 맛집이라고 올려놓은 음식점을 찾아갔다가 돈 주고 음식을 먹으면서 속상해하고 나온 곳도 많았다. 사람마다 입맛과 취향이 달라 우리 가족과 모두 일치하는 것은 아니었다. 맛과 가격을 만족시킬 수 있는 최적의 레스토랑을 찾는 것이 쉬운 일은 아니었다. 여행하다 보니 맛이 검증되고 믿을 만한 식당은 손님들이 북적대거나 그 식당에 들어가기 위해 줄을 서 있는 사람들의 모습이 보이는 곳이었다. 그렇게 해서 들어간 음식점의 가성비는 좋았다.

　레스토랑에서 신선하게 느껴진 것 중 하나가 나이가 지긋하고 점잖아 보이시는 노신사분들이 서빙을 하는 모습이었다. 깔끔하게 옷을 차려입고 무거운 접시를 들고도 밝게 웃으시면서 주문을 받아 적고 음식을 전해 주시는 것이다. 그 모습에서 전문가다움이 느껴지며 멋스럽게 나이 들어 보였다. 직업에 대한 귀천도 없고 건강이 허락되고 하고 싶은 일이라면 본인이 선택할 수 있는 것이다. 일하는 모습을 보면 풍파에 찌든 모습이 아닌 즐거운 표정으로 고객을 대하는 것이 연륜이 녹아 있었다. 식당도 몇십 년 길게는 몇백 년 전통을 이어온 곳들도 많으니 짐작건대 아마 젊은 시절부터 그 식당에서 일했던 분들도 계실 거라는 생각이 들었다. 연륜에서 뿜어져 나오는 이미지로 식당 안이 고급스럽고 고풍스럽게 보이기까지 했다. 서비스도 좋고 매너 있는 모습에 당당하고 우아하게 늙어가는 모습을 읽을 수도 있었다. 할머니가 되면 내 얼굴에 책임지고 밝음과 행복이 가득한 사람이 되도록 지금부터 노력하고 있다.

　느긋하고 기다림에 익숙한 유럽인들은 음식을 시키고 이야기꽃을 피우다가 음식이 나오면 와인과 함께 식사한다. 술을 잘 못 하는 처지에서 보면 와인을 물 마시듯 마시는 모습이 신기하기도 했다. 레스토랑에서 주문한 음식이 빨리 나오지 않는다고 화를 내거나 다그치는 사람을 본 적도 없다. 빨리빨리 문화에 익숙한 우리나라 사람들은 음식이 빨리 나오지 않으면 주인까지 부르는 사람도 있다. 서빙하시는 분이 약해보이는 사람이면 더 무시하고 고함을 지르기도 한다. 모든 사람이 그런 것은 아니지만 사회적 문화 차이점이라 볼 수 있다. 나부터도 음식을 주문한 후 10분 정도 지났는데 음식이 나오지 않으면 시간에 쫓겨 마음이 조급해진다. 시간적 여유가 없으니 빠른 문화에 익숙해져 참을성도 줄어들게 되는 것이다.

현실적으로는 평균 수명이 점점 높아지고 있어 노인분들이 일할 수 있는 공간이 많이 필요하다. 이제 60대는 노인 측에도 끼지 못한다. 60대는 청춘이기 때문에 충분히 일할 수 있다. 평균수명이 100세에 도래하고 있는데 60세부터 일이 없으면 앞으로 40년을 어떻게 살아갈 것인가를 고민해야 한다. 앞으로는 60대 넘어서까지 일해야 노후를 조금 더 편하게 지낼 수 있을 것이다. 경제적인 문제도 그렇지만 나이 먹어서도 일거리가 있는 것과 없는 것은 건강에도 영향을 미친다. 본인이 할 일이 있다고 생각하며 지내는 분이 삶의 활력이 넘치고 살아있는 의미와 가치를 찾으면서 건강하게 살아간다. 그런 관점에서 회사에서도 정년 나이를 점점 늘려가고 있다.

적어도 70세 이상은 되어야 노인이라고 할 수 있기 때문에 본인이 회사를 퇴직하고도 할 수 있는 일을 미리 찾아두어야 한다. 힘들지 않고 큰돈이 되지 않는 일거리라도 일이 있는 사람과 일이 없는 사람은 하루를 대하는 자세도 다르다. 일이 있으므로 인해 존재감이 느껴지고 생동감이 넘친다. 일이 있으면 생각의 폭도 넓어지고 젊게 살아간다. 자녀들이 부모 곁을 떠나 독립을 하고 나면 자신만의 세계를 미리 준비한 부모는 지루해하거나 아이들만 기다리지 않는다. 자신의 삶을 즐길 줄 모르는 부모는 자식만 쳐다보고 기다리고 있어 자녀들이 힘들어하기도 한다. 자녀들이 부모에 대해 부담감을 안고 살아간다. 각자의 인격체로서 할 수 있는 여건이 된다면 할 수 있는 일 테두리 안에서 활동을 하다가 특별한 날에만 만나는 것이 부모와 자식 간에도 잘 지내는 방법이다.

어느 조직에 소속되어 일하지 않더라도 나이 들어서 새로운 것을 배우거나 젊었을 때 못 했던 것들을 다시 하는 것도 자존감이 올라가는 행동이다. 나이 핑계로 못한다는 것은 자기합리화 일 뿐이다. 나이를 먹어도 끄집어낼 수 있는 역량이 분명히 있기 때문에 해보고 싶은 것이 있으면 더 늙기 전에 해 보도록 지지해줘야 한다. 그림을 그리거나 서예를 배운다든지 춤을 배울 수도 있고, 글을 쓰는 분들도 계신다. 남의 눈치를 보거나 미루지 말고 열심히 하다 보면 미술 작품 개인전도 열 수 있고 대회에 참가할 정도로 실력이 늘어난다. 자신의 인생은 자신의 것임을 잊지 않아야 한다. 어떤 인생 설계를 하느냐에 따라 인생의 주연이 되기도 하고 조연에 그칠 수도 있다. 주연 못지않은 멋진 조연급도 있지만, 자신의 인생에 있어서만큼은 주인공으로 의미 있고 보람되게 살다가 가야하지 않을까 싶다.

레스토랑에서 서빙하시는 노신사분을 보면서 품격 있게 늙는다는 것이 저런 것임을 느꼈고 자기 일에 당당하고 자부심을 가진 모습에 보기 좋았다. 그분들을 보면서 나도 나이를 먹고 할 수 있는 일이 뭐가 있을까 고민해보았다. 책을 읽으면서 지금처럼 꾸준히 책 쓰는 것에 전념할 것이고 청춘을 대상으로 좋은 일을 하는 것이 최종 꿈이다. 새로운 것에 도전하고 활발한 면이 있다가도 가끔 혼자서 사색하며 글을 쓰는 것을 좋아한다는 것은 40대가 넘어서 알게 된 사실이다. 생각조차 못 했던 일인데 시도해 보니 마음이 편해지면서 행복한 시간으로 여겨졌다. 그 시간만큼은 누구에게도 방해받고 싶지 않고 오롯이 내 생각을 정리하면서 글을 쓰는 게 너무나 좋았다. 좋아하는 것을 찾아냈다는 것이 큰 기쁨이다. 이것저것 도전해 보지 않으면 자신이 좋아하는 일, 잘하는 일을 절대 알 수 없다.

우리도 점점 나이를 먹을수록 젊은 시절만 그리워하며 후회되는 삶을 살지 말고 현재와 미래를 바라보고 어떻게 살아갈 것인지를 고민하는 시간을 가져야 한다. 나이 먹어 못한다고 단정 짓지 말고 먼저 시도해보고 결정하면 생각보다 할 수 있는 것들이 많다는 것을 알게 될 것이다.

숲속에서 모닥불

혼자 즐겨 찾았던 곳, 마음의 안식처였던 집 근처 산책로가 지금도 그립다.

개인적으로는 유명한 관광지보다도 좋았던 장소 중의 한 곳이었다. 혼자만의 시간이 절실히 필요했던 시기여서 그곳이 더 소중하게 느껴졌다. 아무리 강렬한 햇볕이 내리쬐는 날이라도 그 산에 가면 쭉쭉 뻗은 나무가 울창하고 그늘져 있어 시원한 산림욕장 같이 느껴지는 곳이다. 그 산책로 근처 사는 현지인들은 늘 봐 오던 곳이라 그곳에 대한 감사함이 내가 느끼는 감사함보다 덜 할 것이다. 희소성이 있어야 더 값지게 느껴지듯이 말이다. 혼자 걸으며 과거에 살아온 모습, 나의 장단점, 현재 왜 이런 모습으로 살고 있는지 등 나를 들여다보는 시간을 가지게 되었다. 아빠의 임종을 겪은 지 얼마 되지 않아 어떻게 살다가 죽음을 맞이해야 하는지에 대한 생각이 많이 들었다. 이루고 싶은 꿈들을 혼자 소리 내어 보기도 하고 이룰 수 있다고 자신을 응원하기도 했다. 그 시간이 꿀맛이고 행복감을 주었다. 산 정상까지 올라가면 루체른 시내에 있는 호수가 보이고 저편에는 유명한 산봉우리도 볼 수 있었다. 한 폭의 그림 같은 풍경을 보고 있으면 세상에서 가장 행복한 사람처럼 느껴졌다. 누구의 간섭도 없이 온전한 자유인이 된 것 같아 마냥 즐거웠다.

하루는 산책하다가 특이한 곳을 발견하였다. 분명 산속인데 곳곳에 모닥불을 지폈던 흔적이 있는 것이다. 동그랗게 돌로 둘러싸여 있고 그 안에 다 타고 남은 재들이 남아 있었다. 모닥불 가까이에는 불을 지필 수 있게 장작들도 가지런히 놓여 있는 모습이 너무나 의아했다. 우리나라에서는 취사 금지이며 숲속에서 불을 지피면 벌금을 내게 되어 있는데 스위스에서는 산속에 불을 지필수 있는 공간이 따로 놓여 있어 놀라웠다.

어린 유치원생들이 선생님과 함께 산속에서 나무와 나뭇잎을 도구 삼아 놀며 장작을 지피고 있는 모습도 보았다. 옷과 장화는 흙이 잔뜩 묻어 있고 열심히 뭔가를 만들며 신이 난 모습이었다. 자연과 벗 삼아 어릴 적부터 공구를 이용해 나무도 자르면서 친숙하게 놀잇감으로 놀 수 있는 환경이 부럽기도 했다. 자연 친화적인 어울림으로 자연을 더 잘 보존하고 가꾸는 것 같다.

하이킹했던 또 다른 산에서는 중년의 남성이 땀을 뻘뻘 흘리며 모닥불을 피워놓고 소시지와 고기를 구워 먹으며 가족들과 담소를 나누는 장면을 볼 수 있었다. 산불에 대한 걱정이 되지 않도록 항상 확실한 소화를 해야 한다는 시민의식을 가지고 있는 모양이다. 시원한 바람 맞으며 산속에서 먹는 식사가 꿀맛일 것 같아 쳐다보게 되었다. 있는 그대로의 자연을 국민들에게 편하게 사용할 수 있는 휴식처로 제공되니 쉴 수 있는 공간이 많았다. 산책하다가 힘들면 어디서나 쉬기도 하고 남의 눈치 보지 않고 지내는 모습이 자연스러워 보였다. 서로가 간섭하지 않기에 방해가 되지 않는 범위 내에서 원하는 대로 행동할 수 있다. 숲이 우거진 곳에서 아이들은 마냥 즐거운 표정으로 뛰어놀고 아이들의 순수한 웃음소리를 들으니 저절로 기분이 좋아졌다. 자연 훼손된다고 '금지' 팻말만 자주 보이는 우리나라와 사뭇 다른 배경이었다. 잘 가꾸어 놓은 자연 잔디밭에서 누구나 가서 뛰어놀고 운동할 수 있는 환경 그 자체가 아이들의 천국이었다.

숲속에서 자연 공기가 너무 좋기에 우리도 아이들과 함께 한국 아이돌 음악을 틀어 놓고 춤을 추기도 했다. 재미있는 추억거리가 되었다. 아파트에서 살면서 층간 소음으로 인해 아래층과의 마찰이 생기며 아들을 뛰지 못하게 잔소리했던 것이 떠올랐다. 자연 잔디밭을 꾸며놓고 아이들이 마음껏 뛰어놀 수 있는 곳을 만들고 싶은 꿈도 생겼다. 산속으로 들어가다 보면 작은 통나무집들이 있어 그곳에서 가족 생일 파티를 하는 모습도 볼 수 있었고 주말이면 가족 단위로 여유로운 시간을 보내는 사람들이 많았다. 기저귀를 차고 있는 6개월 정도 된 아이를 홀로 잔디밭에서 기어 다니게 하거나 아기가 풀을 뜯으며 노는 모습을 부모는 지켜보고 있었다. 3세 정도 된 아이들도 혼자 큰 바위 위에 올라가려는 모습에 부모들은 도와주지도 않고 지켜만 본다. 제 3자인 처지에서 봤을 때는 바위에 올라가다가 떨어질까 봐 혹은 무릎에 상처라도 날까 봐 가지 말라고 할 것 같은데 아이가 하는 대로 내버려 두는 것이다. 우리 아이들에게는 위험해 보이면 무조건 금기 시했는데 스위스 부모들은 스스로 해 볼 수 있게 기회를 제공하고 지켜보는 입장이다. 여러 가지 면을 봤을 때 아이들을 싸매면서 조심성 있게 키우기보다는 큰 위험성이 따르는 것이 아니고서는 자연에서 편하게 원하는 것 만져보고 느끼면서 키우는 교육방식을 추구한다. 어릴 적부터 자연이 주는 고마움도 알고 기계와 친해지기보다는 자연과 노는 법도 익숙해지는 것이다.

앞산 정상에서도 모닥불을 지펴놓고 불판에 옥수수, 소시지 등을 구워 먹는 사람들을 보고 우리도 체험해 보기로 했다. 소시지와 빵 등 먹거리를 챙겨 40분 정도 올라가서 장작에 불을 붙이고 소시지를 구워 빵과 함께 살랑살랑 부는 바람을 맞으며 호수를 바라보고 먹었던 음식 맛을 잊을 수 없다. 숲속에서 피톤치드와 함께 라면도 끓여 먹으면서 주변 현지인들에게도 한국의 라면 맛을 맛볼 수 있게 나눠주며 화기애애한 분위기가 연출 되었다.

숲속에서 모닥불을 이용했던 음식 파티는 생전 해보지 않았던 체험이라 우리 가족에게 뜻깊은 추억으로 남았다. 자연을 훼손시키지 않고 사랑하는 마음이 깔린 국민성을 엿볼 수 있었고 자연의 주인은 국민이라는 의식을 강하게 가지고 누리는 모습이 부럽기도 했다.

자전거 타기 도전

연애하던 그 당시 애인이었던 남편과 함께 데이트하면서 자전거 타는 방법을 알려주어 타기 시작했다. 처음 배우는 것인데 운동신경이 둔하지는 않았는지 금방 배우고 즐겁게 탔던 기억이 난다. 시원한 바람 맞으며 하천을 따라 자전거를 탔었다. 우리나라에서는 자전거 도로가 깔린 곳이 많지 않고 출퇴근을 주로 자가용으로 하다 보니 자전거 탈 일이 없었다. 결혼 후에도 아이들이 성장하면서 주말에 자전거 도로에 가서 아이들과 남편만 타곤 했다. 자전거가 있어도 적극적으로 나서서 타고 싶은 생각까지는 들지 않았다. 걷고 구경하고 책 읽는 것을 좋아하는 성향이라는 것을 나이 먹으면서 알게 된 사실이었다.

스위스에 가면 자전거 도로 상황을 보고 온 가족이 자전거로 이동하면서 다니려고 했었다. 하지만 차도로 옆에 좁은 자전거 도로에서 함께 달리는 모습을 보니 위험하게 느껴졌다. 가만히 관찰하니 자전거 타는 사람이 많아서 자동차 운전자가 자전거 운전자를 많이 배려해 주었다. 자전거 타고 가다가 우회전 시에는 자전거 운전자가 오른손을 들어 흔들고 좌회전 시에는 왼손을 흔들면서 자전거를 한 손으로 운전하였다. 이동 경로를 손짓으로 표현하는 것이다. 보이기에는 위험해 보였지만 어릴 적부터 자전거를 배우고 타는 아이들이 많아서 그런지 남녀노소 자유롭게 자전거를 잘 타고 다니는 모습이 편안해 보였다. 집 앞산에도 산악자전거를 이용하여 타는 사람도 흔히 볼 수 있었고 손을 놓고 페달만 밟으며 달리는 사람들도 보았다. 그만큼 스위스 국민들이 많이 애용하는 교통수단인 것이다.

우리 가족도 자전거 타기에 도전하기 위해 자전거를 곧잘 타는 신랑이 먼저 자전거를 대여하여 여러 번 타보면서 거리를 익숙하게 익혔다. 그런 후 나도 오랜만에 자전거 타기에 다시 도전하였다. 처음에는 인적이 드문 광장에 가서 S자로 가보기도 하고 목적지에 갔다가 회전하여 다시 돌아오는 연습을 하였다. 약간 감을 잡은 후 자전거 전용도로만 있는 곳에 가서 타 보았다. 해보지 않은 것에 대한 두려움은 잠시일 뿐 기분이 상쾌했고 긴장도 조금씩 사라졌다. 맑은 하늘에 달리는 기분이 멜로 영화 한 장면의 주인공이 된 듯한 느낌이었다.

무엇보다도 미세먼지 없이 신선한 공기를 마음껏 마시며 달릴 수 있어 행복했다. 스위스에서 자전거를 타보고 싶은 마음은 있었지만, 자동차와 함께 다니는 것을 보고 마음을 접었는데 안 탔다면 이 짜릿함을 맛보지 못할 뻔했다. 자전거를 타기 위해서는 날씨도 좋아야 하고 빌릴 수 있는 자전거도 있어야 하므로 기회가 왔을 때 잡는 타이밍도 중요했다. 자전거를 처음 타보고 너무 좋아 다음날도 자전거를 타고 신나게 달렸다. 아무도 없는 넓은 길을 달릴 때는 별문제 없다가 앞에 장애물이 가까워지면 긴장을 하게 되어 넘어지기도 했다. 어떤 문제이든지 사람 마음에 달린 것이 맞다. 반대쪽에서 사람이 온다거나 좁은 길에 접어든다고 생각하면 나도 모르게 핸들이 흔들리고 중심을 잃어버려 넘어진다. 넘어질 것 같아 미리 겁먹게 되는 것이다. 이 고비를 넘겨야 자전거를 자유롭게 탈 수 있다. 인생에서도 두려움의 대상에서 벗어나야 밝은 빛이 비치는 것이다. 그 고비를 뛰어넘어 내 것으로 소화해 내야 안전모드로 변환된다. 미리 걱정하고 긴장하면 넘어지고 움츠러든다. 자전거 타기를 하면서 깨달은 점이다.

자전거 도로는 자전거를 많은 사람이 이용하게 하려는 교통수단의 목적으로 곳곳에 많이 만들어 놓았다. 자전거를 이용할 수 있는 환경이 갖추어져 있으니 저절로 많이 이용하게 되는 것이다. 자전거를 대여할 수 있는 곳도 매우 많아 처음 대여한 곳에 다시 가져다 놓지 않고 다른 대여 장소에 가져다 놓아도 되었다. 무엇이든 알면 재미있고 모르면 재미없다. 알려고 노력해서 재미있는 인생을 만들어가야 한다. 가만히 있으면 얻게 되는 것이 없으므로 직접 움직이고 활동을 해야 하나라도 알게 되고 도움이 되는 것이 생긴다.

인생을 누구보다 적극적으로 즐기는 신랑이 있어 더불어 즐길 수 있는 삶이 되어 고맙게 생각한다. 도전하는 것을 두려워하지 않는 사람이 가까이 있으면 그 사람으로부터 영향을 받아 얼떨결에 하게 되는 경우도 생긴다. 자신이 용기가 없어 못 하겠으면 잘하는 사람과 어울리는 것도 도전하게 되는 방법의 하나이다. 이유가 어찌 되었건 간에 나에게는 자극요인이 되었고 그로 인해 더 많은 것을 해 볼 수 있게 되었다. 스위스에서 사는 것도 색다른 모험과 도전이었는데 그곳에서 여러 가지 경험을 해보니 안 해 보았던 것들도 많다는 것을 알았다. 모든 것을 해 봐야 하는 것은 아니지만 인간이 즐길 수 있는 다양한 것들이 이미 만들어져 있는데도 못 해본다면 안타까운 일이다.

물을 무서워해서 수영을 못하는데 아들이 엄마를 무시하는 투로 놀리는 경우가 있다. 자전거를 타게 된 동기 중 하나가 아들이 엄마는 자전거도 못 탄다고 할까 봐 탈 수 있다는 것을 보여주고도 싶었다. 아들과 놀아주려면 만능 운동선수가 되어야 한다. 축구도 아들과 함께하기 위해 처음으로 공을 차보기도 했다. 스포츠를 좋아하는 남자아이와 놀아주는 것이 쉬운 일은 아니다. 아이들 덕분에 배우게 되는 것도 있고, 해보는 것들이 더 많아져 고맙게 생각되기도 한다.

처음에만 두렵고 적응의 시간이 필요하지만, 시간이 지나면 익숙해져 새로운 경험으로 인해 삶이 풍요롭게 된다. 아름다운 자연과 안전한 환경에서 자전거도 타 볼 기회를 찾아 시도해 봄으로써 그 기분 그 느낌을 만끽할 수 있었다.

폴란드에서 렌터카가 사라지다

한국에 귀국하기 전에 차를 렌트하여 폴란드를 여행하기로 계획을 세웠다.

스위스에서 살았던 흔적들을 뒤로하고 짐을 챙겨 폴란드로 떠났다. 아침 7시 전에 여행용 가방을 끌고 나오는데 살았던 아파트가 보고 싶어져서 뒤를 돌아보게 되었다. 여러 가지 감정이 교차하면서 아쉽고 안타까움보다는 행복과 자유를 주었던 곳이라 떠나는 게 싫었다. 다음을 기약하며 아파트를 배경으로 사진 한 컷을 찍고 비행기를 타러 가기 위해 기차에 몸을 실었다. 폴란드 바르샤바 공항에 내려 최종 목적지까지 가는데 짐도 많고 낯선 환경이라 약 1년 전 스위스에 도착했을 때처럼 긴장감이 생겼다.

동유럽은 확실히 느껴지는 분위기와 문화가 또 달랐다. 민주화 바람이 부른지 오래되지 않아 사람들의 표정에는 웃음보다는 다소 무뚝뚝함이 베어 있었다. 사유지에 대한 사고가 강해서 건물과 건물 사이에 넘어갈 수 없게 막혀 있는 경우도 많았고 개발이 안 되어 폐허가 된 채 비어 있는 건물들도 자주 눈에 띄었다. 폴란드 수도인 쇼팽의 고향 바르샤바에서 구경하고 폴란드의 옛 수도인 크라쿠프에서 3일을 머물면서 멘탈이 붕괴되는 사건이 발생했다.

주차 비용이 타 유럽 지역보다는 비싸지는 않았고 곳곳이 유료 주차장으로 되어 있었다. 주차비는 절약하기 위해 우리가 묵었던 숙소 주인이 무료 주차가 가능한 지역을 알려주어 그곳에 주차하고 2일 동안은 아무 일이 없었다. 크라쿠프 여행 마지막 날 오전에 관람하고 점심 식사 후 휴식을 취하기 위해 숙소에 들어왔다. 몇 시간 휴식을 취한 후 야경을 보기 위해 다시 외출 준비를 하고 저녁때쯤 나가려 하니 차가 감쪽같이 없어져 버린 것이다. 어떤 메모도 없이 차가 사라져서 도난을 당한 것으로 생각했다. 신랑은 머리를 바위에 맞은 것처럼 멍하니 큰일이 벌어진 것에 흥분하고 기분이 상해 있었다. 옆에 있던 나는 신랑 눈치만 보며 어떻게 일을 해결해야 할지 머릿속 회로가 정신없이 움직였다. 우선 숙소 주인에게 상황을 설명하고 해결점을 찾아보았다. 숙소의 매니저가 경찰이 견인해 간 것인지 아니면 도난당한 것인지 알아봐 준다고 해서 기다렸다. 몇 분의 시간이 몇 시간처럼 느껴졌다. 차 안에는 여행에 필요한 물건과 아이들이 스위스 공립학교에서 공부했던 흔적들이 고스란히 들어 있었기 때문에 추억이 없어져 버릴 수도 있다는 생각이 들었다. 도난을 당했다면 돈으로도 살 수 없는 소중한 물건들을 잃어버리게 되는 것이라 가슴이 쓰렸다. 숙소의 매니저에게서 온 답변은 경찰이 렌터카를 견인해 갔다는 것으로 전달받았다. 무료 주차가 가능한 곳으로 알려 주어 주차를 한 것인데 주차 공간이 좁아 인도 쪽으로 바퀴를 올려놓은 것이 화근이 된 모양이었다. 견인해 갔으면 차 주인에게 공지하기 위해 적어도 어디로 연락하라는 메모 정도는 남겨줘야 놀래지 않았을 텐데 황당하고 기가 막혔다. 이미 벌어진 일이니 수습하기 위한 절차를 문의하여 하나씩 해결하기로 했다.

여행 시 주차해 놓은 렌터카를 훔쳐 가서 팔아먹는 사례가 있다고 해서 걱정했는데 경찰이 가져간 것이라 해서 안심은 되었다. 절차가 복잡해서 그렇지 다시 찾을 수는 있으니까 말이다. 사람 마음이 간사해서 처음에는 안심이 되었다가 메모 한 장 없이 견인해 간 것이 괘씸하기도 했다. 여행 중에 이런 일이 벌어져 속상하고 일 해결을 위한 시간을 허비해야 하니 짜증도 났다. 밤 9시가 되어서야 일 처리 순서를 알게 되었고 다음 날 일어나 경찰서를 찾아가기로 했다.

다음 날 여행 일정을 미루고 렌터카를 찾기 위해 우선 숙소에서 멀리 떨어져 있는 동네로 가서 경찰을 만나 벌금 용지를 받았다. 벌금을 낸 영수증을 경찰에게 제출하고 견인 창고에 가서 차를 찾아와야 했다. 신랑이 일 처리를 하는 데 있어 경찰들이 영어를 잘하지 못해 일을 진행하는데도 어려움이 따랐다고 한다. 신랑이 오후 1시가 넘어서야 차를 가지고 나타났다. 자국에서도 이런 일을 당하면 황당한데 낯선 땅에서 이런 일을 겪고 지친 신랑의 모습을 보니 앞으로 주차하는데 신경을 써야겠다는 생각이 들었다. 주차 사건으로 인해 아끼면서 여행했던 경비 중 약 20만 원이나 내야 하는 쓰디쓴 경험을 하게 되었다. 숙소 측에서도 책임이 조금은 있지 않나 싶어 이야기했더니 숙소 매니저는 미안하다는 말만 한 채 어떠한 보상금은 줄 수 없다 하여 마음에 상처만 받고 나와 버렸다. 주차 가능한 장소라고 알려주어 안심하고 인도에 살짝 걸쳐 주차한 것이 이렇게 힘들게 될 줄 몰랐다. 씁쓸한 마음을 뒤로한 채 주차에 대한 경각심을 가지게 되었다. 예상하지 못한 일로 인해 남은 여행까지 망치기 싫어 우리 부부는 훌훌 털어버리자고 하면서 다음 여행 목적지로 향했다.

신랑이 갑작스러운 일로 마음을 추스르지 못할 때 옆에서 긍정적인 메시지와 가만히 지켜보면서 믿고 기다려준 나에게 고맙다고 인사를 건넸다. 10년을 넘게 살다 보니 위급한 상황 시에 보이는 행동에 대한 반응도 짐작이 되어 지혜롭게 해결할 수 있었다. 나까지 우왕좌왕했었더라면 남편은 더 화를 내고 괜히 나에게 신경질을 부렸을 것이다. 여행을 하다 보면 가끔 찾아오는 위기 상황에 가족의 단합심에 따라 일의 진행 속도와 해결법이 달라지는 것 같다. 이 일로 인해 앞으로 살면서 위기 상황이 왔을 때 남편에게 보일 모습이 예측되었고 그에 따른 반응을 어떻게 해야 할지를 알게 되었다.

보이는 결과에만 집착하지 말고 힘든 일로 인한 과정에서 얻게 되는 것이 한 가지 이상은 있기 때문에 온전히 나쁘게만 생각하지 않았으면 한다. 좋은 영향 받은 부분을 찾아보면 마음이 편안해진다. 위기 상황 시에는 의식에 따라 마음이 결정되는 부분이므로 자신의 의식부터 타인의 감정에 휘둘리지 말고 지혜롭게 대처해야 한다. 외국에서 당하게 되는 일은 혼자 해결하기 힘들 수 있기 때문에 도움을 요청할 수 있는 곳의 연락처 등도 알고 있어야 한다. 지금은 그 일에 대해 회상하며 쓰고 있지만, 그 당시에는 당황스럽고 난감하기도 했다. 아직도 아찔하다는 생각이 들 정도이다. 여행하면서 가장 쓰디쓴 맛을 경험한 폴란드의 크라쿠프 도시도 잊지 못할 하나가 되었다.

돈 내고 가야 하는 공중 화장실

　유럽에서는 공중화장실을 이용할 때 돈을 내야 한다는 사실을 알고 씁쓸했었다. 처음부터 그런 문화에 젖어 있었으면 당연시하고 내겠지만 쓰지 않아도 될 돈을 쓰는 것 같아 적은 돈이지만 돈 주고 화장실을 가는 것은 피하고 싶었다. 기차역 주변 공중화장실은 물론이고 고속도로 휴게소 화장실마저 돈을 받는 곳도 있었다. 아이들에게는 무료로 이용 가능한 곳도 있었고 사람을 통해 돈을 받거나 화장실 입구에 기계가 설치되어 있어 돈을 넣고 들어가야 하는 곳도 있었다. 독일에서는 백화점 화장실 내에 사람이 서 있었는데 원하는 사람만 서비스 차원에서 팁처럼 자율에 맡기는 곳도 있었다.

　급할 때는 어쩔 수 없는 상황이라 돈을 주고 가야 하지만 그곳에서 조금만 벗어나면 무료로 이용할 수 있는 곳들이 있었다. 처음 가보는 곳이라 잘 몰라 무조건 보이는 곳으로 서둘러 해결하게 되니 돈까지 지급하게 되는 것이다. 동전만 받기 때문에 화장실을 이용하고자 할 때는 항상 동전도 준비해서 다녀야 한다. 여행 목적지로 가기 위해 이용하는 버스나 기차 안에는 무료로 화장실을 이용 가능하니 그 안에서 볼일을 보는 것도 절약하는 방법이다. 식사를 위해 레스토랑에 가서도 화장실을 이용할 수 있으므로 그때 이용하는 것도 좋은 방법이다.

이탈리아에 있는 유명 관광지는 한 번 화장실을 이용하는데 천원~이천 원 사이인 곳도 있었다. 화장실 시설이 깨끗한 것도 아닌데 관광객을 타깃으로 돈을 벌기 위해 만들어 놓은 시스템이라는 생각이 들었다. 좀 너무하다는 생각이 들었다. 뉴스에서 관광객이 많이 찾는 관광지에서 음식값을 터무니없이 비싸게 받아 문제가 된 기사를 본 적도 있다. 한번 왔다가는 관광객이라 생각해서 바가지요금을 내게 하는 곳이 외국에서도 문제가 된 것이다. 관광객들이 그런 일을 한 번 당하게 되면 그 나라에 대한 이미지가 나쁘게 각인되고 다시는 찾고 싶지 않은 나라가 된다. 한 번의 실속을 차려서 이득을 보려는 얌체 같은 생각으로 인해 나중에 좋지 않은 파급효과를 가져온다는 것을 알아야 하는데 욕심을 먼저 생각해서 좋지 않은 이미지를 남기게 된다.

고속도로 휴게소 중 한적한 도로에서는 인적이 드물어서 그런지 평소에는 화장실 문을 잠가 놓는다. 휴게소에 손님이 와서 화장실 이용을 원하면 키를 주고 이용하게끔 하기도 한다. 돈의 양과 무관하게 절약할 수 있는 부분은 절약하며 살아야 한다. 그 적은 돈 가지고 뭔 신경을 쓰냐 그냥 돈 내고 화장실 가면 되지라는 생각을 하는 사람도 있을 것이다. 그런 생각을 할 수는 있지만, 돈을 내고 화장실을 갈 정도로 화장실 시설이 좋지 않은 곳도 있다. 또한 무료로 이용 가능한 곳이 있는데 굳이 내야 할 필요성을 느끼지 못했다.

유럽의 이런 문화 차이를 알아가는 것도 흥미로운 일이다. 여행을 하다 보면 다름에 대해 놀라움도 생기고 사고의 전환을 하게 되는 계기가 되기도 한다. 돈 내고 가야 하는 공중화장실을 보고 인색하다는 생각도 들었다. 대부분은 다른 나라에서 온 여행객들이 이용하는 곳이므로 돈벌이 수단으로 공중화장실을 이용했다는 것에 얄미운 생각도 들기도 한다. 다른 문화 속에서 복잡 미묘한 감정이 생기는 순간이었다.

무엇이든지 좋은 취지로 시작했다가 왜곡되어 나쁜 의도로 변질하여 버리면 고객들도 눈살을 찌푸리게 된다. 유료 화장실을 이용하게 하려면 돈을 받는 만큼 시설 면에도 신경을 쓰고 깨끗한 환경으로 만들어 주었으면 좋겠다.

스위스 축제

그 나라 문화를 실감 나게 느껴보려면 축제에 참여해보면 확실히 알 수 있다. 거주하던 '루체른'이라는 도시에는 우리나라의 세종문화회관과 비슷하게 큰 공연장이 기차역 주변에 있어 가을이면 클래식 음악 공연 축제가 열린다. 가을에 스위스에 도착했지만, 정보도 미흡하고 여러 가지 행정적인 일 처리하느라 오케스트라 클래식 공연은 보지 못했다. 멋진 공연장을 눈앞에 두고 가보지 않으면 아쉬울 것 같아 아이들과 함께 시간을 내어 아이들을 위한 공연을 보러 갔었다. 공연장 안은 2층으로 되어 있었고 자리 세팅이 벽 옆면에도 앉아서 관람하게 되어 있어 색다르게 느껴졌다. 유럽 출신 유명한 작곡가가 많이 배출되어 그런지 클래식 음악을 사랑하는 사람들이 많았다. 그 외에도 참가할 수 있는 축제마다 정보를 수집하여 가족들이 함께 다녔다.

그중 루체른에서 열렸던 마라톤 대회와 몽트뢰에서 열렸던 재즈 페스티벌이 가장 기억에 남는다. 마라톤 대회는 아들 생일날 이루어져 오랫동안 기억에 남아 있다. 아들이 달리기를 좋아해서 참가하고 싶다고 했지만, 마라톤까지 하기에는 무리인 것 같아 구경만 하기로 했다. 아침부터 날씨가 흐리고 바람이 많이 불어 대회가 진행될까 걱정이 되었다. 날씨와는 상관없이 이미 모든 준비가 되어 있었기 때문에 무조건 진행된다고 했다. 루체른에서 유명한 교통박물관도 일부는 무료로 관람할 수 있게 오픈해 놓고 마라톤의 최종 목적지를 교통박물관 안으로 정해 놓았다. 박물관도 구경할 수 있어 좋은 기회였고 여러 회사마다 부스를 만들어 놓고 물건들을 홍보하느라 정신이 없었다. 아이들을 위해 원판 던지기, 다트 맞추기 등 소규모 게임도 준비해 놓고 관심을 끌었다. 게임의 규칙에 따라 선물도 많이 받아서 가지고 간 가방이 꽉 찰 정도였다. 그날은 일부 구간 차도를 통제했기 때문에 교통수단으로 이용하라고 유람선의 일정 구간도 무료로 탑승할 수 있었다. 후원되는 것들이 많은 것을 보니 큰 행사임이 짐작되었다. 비록 마라톤에 참석하지는 못했지만, 마라톤 시상식에서 1등 한 자의 행복한 미소를 가슴에 담아두고 집으로 돌아왔다.

여름에 개최된 루체른 페스티벌도 루체른역을 중심으로 열렸다. 다른 나라에서 온 공연자들이 실외 공연장에서 노래를 선보였다. 음악을 좋아하는 많은 인파가 실외 음악 공연을 서서 보면서 따라 부리기도 하고 흥이 나서 몸을 움직여가며 행복해하는 모습이었다. 음악을 사랑하는 것도 여유가 있어야 생기는 마음이다. 실외 공연장 주변에는 축제에 빠질 수 없는 다양한 먹거리 부스가 설치되어 있었다. 태국, 멕시코, 미국 음식 등이 판매되고 있었는데 아쉽게도 한국 음식은 찾아볼 수가 없었다. 한국을 널리 알릴 수 있는 한국 음식 문화가 유럽에도 많이 알려졌으면 하는 생각이 들었다. 우리 가족은 음악이 울려 퍼지는 호수가 근처에 자리 잡고 앉아 음식을 먹으며 감성에 빠져 꿈만 같은 시간을 보냈다.

스위스에는 또 하나 큰 축제가 있다. 레만 호수가 있는 시옹성으로 유명한 몽트뢰라는 도시에서 열리는 재즈 페스티벌이다. 간호사로 일할 때 친구들과 가끔 카페에 가서 들었던 재즈 곡 연주를 직접 들어보고 싶어 기차를 2시간 넘게 타고 도착했다. 짜릿한 스포츠를 즐기는 사람들이 패러글라이딩하고 내려와 목적지에 안착하는 이벤트도 있어 넋 놓고 구경하고 있으니 시간 가는 줄도 몰랐다. 몽트뢰 기차역에서 시옹성까지 호숫가를 따라 걸으면 마음의 찌꺼기를 제거해주는 기분도 들었다. 재즈 페스티벌 공연을 보면서 마음이 차분해지고 라이브로 들으니 많은 것을 가진 듯한 착각이 들 정도였다. 아이들이 재즈 음악을 좋아하지 않아 오랜 시간 머물지는 못했지만, 잔디밭에서 편하게 음악만 듣고 있는 것만으로도 음악이 있어 감사하다는 생각뿐이었다. 음악 감상은 마음을 진정시키고 기분을 좋게 만드는 방법으로 인생에서 빠질 수 없는 문화이다. 이제는 조용하고 서정적인 음악이 더 끌린다. 언어와 인종은 다르지만, 음악을 통해서 하나가 되는 분위기에 빠져 축제를 즐길 수 있는 문화가 있어 좋았다. 그런 면에서 음악은 신이 주신 최고의 선물이라는 생각이 든다. 축제에 가 보면 손수 만든 아기자기한 작품들을 가지고 와서 판매하는 다양한 민족들도 있어 볼거리도 많아 눈이 바쁘게 움직여진다. 몽트뢰 재즈 페스티발은 우리나라에서도 유명 가수들이 방문하여 공연도 했던 곳이라 널리 알려진 축제가 되어 아는 사람이 많을 것이다.

축제를 관찰해보니 흥청망청 보내기보다는 많은 사람 속에서도 깔끔하고 흥겹게 진정으로 축제를 즐기는 모습으로 보였다. 물 마시듯이 맥주를 마시는 사람들도 흔하게 볼 수 있지만, 길거리에서 지저분하게 노는 사람은 눈에 띄지 않았다. 축제 때만 축제 기분을 내지 말고 인생 자체를 축제처럼 담백하고 즐기면서 살고 싶다는 생각도 들었다. 큰 축제를 통해 스위스 나라에 친근감이 더 생겼고 가까워진 느낌이 들었다. 스위스에서 열린 축제가 나에게 기쁜 이벤트를 선사해주었다.

제5부
일상으로 돌아온 삶

향수병이 아닌 공허함

18년 8월 23일에 약 1년 동안 유럽 땅에서의 생활을 마치고 한국행 비행기에 몸을 실었다. 여름 내내 40도까지 올라가 에어컨 없이는 지내기 힘들었다던 한국은 우리가 귀국할 때쯤 강한 태풍이 몰려온다고 하여 약간 걱정이 되었다. 비행기 결항 사태가 벌어지는 건 아닌지 1년간 무탈하게 지냈는데 유종의 미를 거두지 못할까 봐 한국 날씨 소식에 귀를 기울였다. 귀국 날 다행히 태풍이 다른 방향으로 가서 안전하게 귀국할 수 있었다. 인천 공항에 찬 바람이 쌩쌩 불기는 했지만 따스한 햇볕도 반갑게 우리 가족을 맞이해 주었다. 귀국하는 비행기 안에서 여유 지수가 가장 높았던 지난 1년 동안의 삶이 머릿속에 스쳐 지나가며 또 그런 삶을 살 수 있도록 기회를 만들어야겠다는 생각이 들었다. 타국에서 가족이 모두 크게 다치는 일 없이 잘 지내고 온 것에 대해 감사 기도도 드렸다. 덜 후회되도록 지낸 지난 1년이 너무나 빨리 지나간 것에 대해 만감이 교차하며 비행기 안에서 잠을 이루지 못했다.

1년이 짧은 시간이라는 것이 느끼는 이유는 한국에 도착해보니 어색한 것이 하나도 없었다. 익숙하게 생활했던 곳도 오랜 시간이 지난 후 찾아가면 약간은 낯설고 어색한 느낌이 드는데 그런 느낌 없이 외국에서 잠시 며칠 동안 지내다가 온 느낌이 들었다. 태어나서 40년 넘게 살아온 고국이라 정겹게 느껴졌다. 오랜만에 만난 친인척들과 반가움을 표현하며 건강하게 지냈고 무사 귀국한 것을 축하해 주셨다. 타국에 살아보니 건강만 하다면 크게 걱정할 일은 없는 것 같다.

아이들은 10시간 비행 중 3시간 정도 잤는데 한국에 와서는 피곤해하지도 않았다. 오히려 신랑과 나는 여행으로 쌓인 피로와 긴장이 좀 풀렸는지 낮잠을 자고 일어났더니 밤에 잠을 잘 이루지 못해 시차 적응하는 데 어려움이 있었다. 며칠은 고생한 후에야 한국 시각에 적응할 수 있었다.

편안한 마음은 잠시 시간이 지나면서 육체는 적응하며 지내는데 마음이 괜히 공허하고 의욕이 상실되었다. 하루하루를 열심히 쪼개어 살아온 패턴을 유지하려 했지만, 현실은 다시 일상으로 돌아와서 내 맘대로 잘 안 되면서 기운 빠짐이 있었다. 너무 여유롭게 고민 없이 지내다가 아이들도 한국 실정에 맞춰 생활하자니 챙겨야 할 거리가 많아 머리가 아프기도 했다. 한국을 떠나 생긴 향수병이 아닌 외국 생활에 대한 그리움이 마음 한쪽에 크게 자리 잡고 있었다. 왜 이런 마음이 들까 깊이 생각해 보았다. 여유 있고 자유로운 삶을 즐기다가 갑자기 바뀐 환경에서 여러 가지 고민이 몰려오니 혼란스럽고 답답한 마음이 앞섰던 것 같다. 오랜 기간 외국 생활하던 사람이 한국에 들어와 적응하지 못하고 이민을 결정하기도 하는 사례가 이해되었다. 이민을 간다고 모두 행복한 건 아니지만 아이들 교육면에서는 조금 덜 스트레스 받는다는 점은 피부에

와 닿았다.

　현실을 수용하지 못하고 꿈같은 시간만 그리워하며 지내는 건 어리석은 일이다. 예상은 했지만, 현실은 정말 빡빡하고 골치 아픈 일이 많이 생겼다. 한국의 문화적인 이유나 사회적 분위기에 휩쓸리지 않아도 해야만 하는 것들이 있다. 그런 것들이 안겨주는 답답함과 뭔가 허전함이 느껴진 것이다. 이에 적응하는 데 있어 시간이 필요했다. 다시 돌아갈 수도 없는 일이니 주어진 시간 속에서 나름 즐길 방법을 찾는 것이 현명한 일이다. 공허하고 속상한 마음만 가득하고 현실에 만족하지 못하고 불평만 늘어놓게 되면 삶이 피폐해진다. 현실을 빨리 수용하든지 아니면 박차고 다른 길을 선택할지는 자신이 선택하는 것이다. 아이들은 다행히 학교생활에 적응하면서 잘 지내 주었다.

　정신 차리고 마음을 다잡고 하나씩 해결하지 않고서는 시간이 아깝다는 생각이 들었다. 시부모님댁에 머물면서 앞으로 살아가야 할 집부터 알아보고 계약하고 기존에 있었던 짐 정리부터 해나갔다. 아이들도 어느 정도 컸고 우리 부부의 직장 위치를 고려하여 기존에 살았던 동네에서 좀 떨어진 다른 동네로 이사하기로 했다. 어수선한 분위기 속에서 안정적인 생활이 되지 않아 마음이 복잡하게 느껴진 것이다. 귀국 후 2주 정도 지나 다시 도서관을 찾아가서 책도 빌려 보고 복직이 얼마 남지 않은 시간을 즐기고자 노력했다. 책을 보는 것만으로도 기분이 좋아졌고 책을 읽으니 마음이 안정되면서 아이들과 관련된 일들도 하나씩 정리하고 평화가 찾아왔다.

　복직하고 바빠진 일상 속에 빠져 살면 순간순간 여러 가지 고민이 찾아올 것이라 예상한다. 1년간의 외국 생활 후 후유증 시간을 겪으면서 다시 글쓰기에 몰입하고 작가의 꿈을 위해 이렇게 책상에 앉아있다. 여유로운 삶 속에서 나에 대해 알게 된 사실 중 혼자 책을 읽고 글을 쓰는 시간에 행복감을 느낀다는 것이다. 깊게 빠진 공허함이 책이라는 벗과 함께 하는 시간 속에서 조금씩 사라졌다. 유럽에서의 1년간 생활이 주는 기쁨이 컸는지 다녀온 후에는 울적함과 잡스러운 생각이 오래가서 마음을 추스르는데 시간이 걸렸다. 공허함을 떨쳐버리고 자신에게 어울리고 재미있어하는 일들을 찾아 즐기는 인생을 살아가려 한다. 다음날 인생이 어떻게 펼쳐질지 아무도 모르는 일이다. 펼쳐질 인생의 앞길에서 어떠한 선택을 하더라도 나 자신을 믿고 추진하리라 다짐해본다.

가족 여행이 준 의미

요즘은 가족이 다양한 구성원의 조합으로 여행을 많이 한다.

부모님 모시고 다니는 효도 여행, 모자간 또는 모녀간 등 부모 1분과 자녀 1명이 다니는 여행, 가족 전체가 다 함께 떠나는 여행 등 다양하다. 딸이 초등학생 저학년 때까지는 시댁 식구들과 여행을 많이 다녔다. 연휴가 길게 있다거나 여름휴가, 연말, 연시 때 등 전국을 누비며 방방곡곡 다녔다. 아이들이 어려서 챙겨야 할 것도 많았고 솔직히 시댁 어른들과 함께 가는 여행이라 집안일의 연속이라 느껴지는 경우도 있었다. 그때는 여행이라기보다는 그냥 집 떠나 다른 장소에서 지내면서 아이들이 놀 수 있는 곳을 찾아 많이 다녔던 것 같다. 여행으로 사용되는 지출이 많은 부분 발생했지만, 그 비용은 지출하기에 충분히 가치 있는 비용이었다. 추억으로 남기고 싶어 새로운 고장에 가서 맛있고 색다른 음식 맛도 보고 체험하는 것 위주로 다녔다. 이제는 아이들도 성장해서 여행지에 가서 나 혼자 느낄 수 있는 시간도 주어졌고 아이들과 생각도 주고받으니 여행이 더 맛깔스러워졌다.

유럽에서의 여행은 동양과는 완전히 다른 유럽만의 문화를 느낄 수 있어 신선했다. 여행을 통해 우리 가족은 세계지도를 보면서 지리적 위치를 자연스럽게 익히게 되었다. 세계지도를 펼쳐 놓고 다음 여행지를 선정하고 그 나라만의 특징적인 음식이나 볼거리 등을 찾아가면서 여행이 시작되었다. 말로는 표현하기 힘든 작품이나 웅장한 건물들을 보면서 감탄사를 내뿜기도 하고 그 옛날에 천재적인 예술가들의 탄생이 부럽기도 했다. 특히 이탈리아, 바티칸 시국, 스페인, 독일에는 평생 살면서 한 번쯤은 눈에 담아두고 봐야 할 너무나 멋진 작품들이 많이 있었다. 시간이 지나면서 모든 일이 그렇듯이 비슷한 건축양식을 계속 접하니 그렇게 멋진 건물들에 대한 감흥이 조금씩 덜해졌다. 무엇이든지 익숙해지고 나면 그냥 평범한 일상처럼 느껴진다는 말에 실감했다. 처음에는 놀랍다가도 지속해서 접하다 보면 그 느낌이 반감된다. 사람과의 만남도 그렇고 새 물건을 샀을 때도 그런 생각이 든다. 아이들도 성당과 그림 작품은 더 이상 보는 것을 원하지 않는다고 투덜거리기도 했다. 눈으로의 감상보다는 몸으로 직접 하는 것을 더 좋아할 나이이기에 이해는 되었다. 어른들은 가을에 단풍잎만 봐도 아름다움에 감탄하는데 아이들은 어른만큼 감흥이 있지 않은 거 보면 자연에 대한 아름다움을 덜 느끼는 시기인 것 같았다. 살아온 경력이 짧고 관심사가 다르기 때문으로 해석되었다. 되도록 많이 보여주고 싶은 부모의 마음과는 달리 아이들이 좋아하는 것은 물놀이나 놀이공원인 것이다. 그게 자연스럽고 당연한 일이다. 어른이 보여주고 싶은 것을 보여주는 것이 아니라 아이가 원하는 것을 해줘야 진정한 행복을 만끽하게 해주는 것이다.

가족 여행을 하다 보면 단합이 필요하다. 먹는 거 하나라도 의견이 맞지 않으면 불협화음이 일어나서 함께 다니는 것이 어렵다. 하고 싶은 것과 보고 싶은 것도 제각각이면 여행 다녀도 즐겁지가 않다. 우리 부부는 메뉴 선정에 있어서 몇 번의 다툼도 있었다. 새로운 것을 좋아하는 신랑은 사 먹기를 선호하고 나는 음식 재료가 신선하고 저렴하니 마트에서 사와 숙소에서 만들어 먹기를 원했다. 잦은 외식으로 과식을 하게 되고 음식이 짜서 자주 먹기가 힘들기도 했다. 가족이 의견 조율을 해서 한 번 먹어보고 맛있는 음식은 몇 번 더 사 먹기도 했다. 이미 여행을 다녀온 사람들이 SNS에 올린 글을 찾아보면서 음식 선정을 했기에 못 먹을 정도로 입맛에 안 맞은 음식들은 없었지만, 너무 짜서 남긴 음식들은 있었다. 레스토랑에서 음식 주문 시 소금을 적게 넣어달라고 이야기를 했는데도 짠 경우가 있었다.

　가족이 24시간 붙어 다니면서 여행을 하면 서로에 대해 몰랐던 부분도 알게 된다. 아이들도 여행용 가방이나 배낭을 하나씩 책임지고 가지고 다니는 것을 보면 성장했음을 많이 느꼈고 의젓해 보여 뿌듯한 마음도 들었다. 한국에 귀국하여 학교 다닐 때도 아침에 깨워주지 않아도 스스로 일어나고 알아서 잘 챙기면서 다니는 모습에 아낌없는 칭찬을 해 주었다. 스위스 가기 전에는 아침마다 전쟁터를 방불케 하며 아이들 챙겨주느라 정신이 없었는데 아주 수월해졌다. 마냥 어린아이처럼 장난꾸러기로 생각했는데 뱉어내는 말이나 행동을 보고 가끔 놀래기도 한다. 아들이 가끔 나에게 불만인 것은 어떤 문제에 대해 본인의 의사를 물어보지도 않고 섣부른 판단을 한다는 것이다. 내 생각만 하고 아이의 의견 존중을 해주지 않았던 나의 불찰이기도 해서 반성을 했다. 아이들로부터 배우게 되고 뉘우치고 깨닫게 된다. 그 후로는 혼자 결정하는 것이 아니라 아이들에게 선택하게끔 질문을 먼저 하려고 노력한다. 학교에서 나에게 편지를 쓰는 시간에 쓴 글을 보니 본인을 존중해 주는 엄마여서 좋다고 적어 왔다. 나의 노력한 변화가 느껴져서 다행이라 생각했고 엄마인 나를 성장시켜주는 아이들에게 고마운 마음이 들었다.

여행을 통해 가족애가 끈끈해져 돈독해지기도 하고 결속력이 더 생긴다. 여행용 가방을 끌며 대중교통을 이용할 때는 혹시라도 길을 잃을까 봐 서로를 챙기면서 잊은 것은 없는지 확인하기도 한다. 여행 가방을 수시로 싸면서 각자의 물건들은 알아서 정리하고 아이들도 도와주려 노력하는 모습을 보면 기특했다. 늦은 밤 여행지에 도착하여 주변이 깜깜해도 가족이 함께 있어 외롭지 않고 두려운 게 없었다. 설령 길을 잘못 들어서도 기다렸다 다시 돌아가면 된다는 생각으로 가족의 힘이 컸다. 혼자였다면 두렵고 무섭게 느껴지는 상황이 몇 번 있었는데 가족이 함께여서 해결 가능한 일이었다. 아이들도 여행을 통해 대범해지고 두려움이 좀 줄어든 모습을 간간이 볼 수 있었다. 렌터카로 여행할 때 4시간 이상 이동해도 지루해하거나 힘들어하지 않고 다녔던 것을 생각해보니 아이들에게 고마운 마음도 들었다. 먼 훗날 가족이 함께한 기나긴 유럽 가족여행을 생각하며 흐뭇한 미소를 지을 수 있었으면 좋겠다.

대학 동기 중에 우리 가족의 유럽 여행을 보고 자극을 받아 지금이 적절한 시기인 것 같다고 판단되어 남편은 퇴직하고 본인은 휴직한 상태로 가족 여행을 떠났다. 아이들이 초등학교 다니고 있을 때라 동남아, 미국, 캐나다, 유럽 등을 약 5개월의 장기 여행 계획을 세워 새로운 세계를 맛보면서 행복하다고 가끔 문자가 오기도 했다. 그 대학 동기는 평소에도 말보다는 실천으로 옮기는 성향이었고 현실에 안주하지 않으며 과감하게 시행하는 것을 즐기는 스타일이라 멋진 시도에 적극적으로 칭찬해주었다. 막연하게 생각했던 것을 우리 가족의 영향으로 결정하고 여행을 추진한 것이라며 너무나 좋아했다. 다시는 돌아오지 않을 시간을 가족과 함께 아름다운 추억으로 장식하고 돌아왔다고 한다. 주변인에게 더 큰 용기를 준 일을 한 것 같아 뿌듯하기도 했다.

　가족 여행을 통해 힘든 적도 있지만, 서로를 알아가며 이해하려고 노력하는 부분에서는 유익한 시간이었다. 이제 아이들은 학교에서 우리 부부는 각자의 일터에서 생활하다가 저녁에만 만나고 있다. 낯선 환경에서도 잘 지내고 왔으니 믿음직스럽게 잘 적응하고 지내 줄 것으로 생각한다. 여행을 통해 생긴 용기를 바탕으로 어디에서든 주어진 생활권 안에서 멋진 활약을 하며 씩씩한 아이로 자라주기를 바랄 뿐이다. 가족의 힘을 다시 한 번 믿어 본다.

어떻게 사느냐에 초점

성인이 되면서부터 수시로 고민한 것이 어떻게 살아갈 것인가였다.

주변을 봤을 때 자신의 삶에 큰 만족감 느끼며 행복해 보이는 사람들이 많지 않아 삶에 대한 생각을 더 많이 하며 지냈다. 늘 행복! 행복! 외치는데 어떻게 하면 행복한지도 알 수 없어서 그냥 주어진 것에 충실히 적응하며 견디고 지내면서 원하는 것에 대한 꿈을 찾아갔다. 쇼핑하거나 친구들과 필요 이상의 모임보다는 성공한 사람들이나 자기 계발서 등과 관련 책도 꾸준히 읽고 나를 성장시키며 살았다. 20대 때는 책을 읽고 메모하고 깨닫고 변화를 시도하며 도전해 본 경험도 있었고 용기가 부족하여 생각에만 그치는 일도 있었다.

30대는 그야말로 아이들 키우는 데 급급해서 나를 사랑하는 시간 보다는 육아에 지쳐 피곤함으로 보내는 시간이 많았다. 그렇다고 나 자신이 없는 세상을 보내기에는 시간이 아까웠다. 그래서 이른 새벽이나 늦은 밤을 이용하여 나만의 시간을 가질 수밖에 없었다. 사이버 대학에서 온라인 강의 들을 때는 새벽이 되어서야 잠이 들었고 몇 시간 안 자고 회사를 출근하기도 했다. 하고 싶은 열정이 있어서 공부하는 것은 삶의 에너지원이 되었다. 대학원 다닐 때는 주 2회 퇴근 후 학교 가서 강의 듣고 밤 11시가 되어서야 집에 들어왔다. 하고 싶어서 하는 일이라 그런지 피곤함이 느껴지지도 않았다. 꾸준히 배우는데 투자하는 것은 스스로에 대해 보상을 해주는 것이었고 무엇인가 배울 때가 가장 행복했다. 어떻게 살아야 하는지는 정확히 모르지만 배우면서 길을 찾아갔고 책을 통해 조금씩 알아갔다.

십 년 넘게 앞을 향해 열심히 달렸더니 황금 같은 시간을 스위스에서 보낼 수 있게 되었다고 생각한다. 외국 생활을 해보니 역시 어디서 사느냐보다는 어떻게 살아가느냐가 가장 중요한 인생 숙제인 것 같았다. 누구에게나 주어지는 하루 24시간을 어떻게 시간 활용 하느냐에 따라 미래 인생이 달라지는 것은 확실한 사실이다. 약간의 강박증이 있어 그냥 보내기보다는 인생에 득이 되는 항목을 찾아 실행해야 마음이 놓였다. 1년의 자유 시간에 선택한 항목이 운동, 책 쓰기, 여행에 몰입해서 사는 삶을 살고자 했다. 그 시간만큼은 어딘가에 가서 배움에 투자하기보다는 나에게 주어진 안식년이라 생각하고 나에 대해 생각하고 오롯이 하고 싶은 것을 하기로 한 것이다. 어떠한 걸림돌도 없이 원하는 대로 살아가니 인생이 꿀맛이었다.

아침, 점심, 저녁으로 걸으며 산책하거나 뛰었다. 틈만 나면 전자책을 읽거나 원고를 작성하였다. 아이들 방학 때마다 여행 계획을 세우고 떠났다. 계획했던 대로 이루면서 지냈다.

원하는 대로 책이 출간되었으면 했는데 너무 쉽게 생각했는지 인생이 그렇듯이 일이 원하는 대로만 되지는 않았지만 빨리 받아들이는 마음의 여유도 생겼다. 한국에 와서도 지속해서 출판사에 보내며 좋은 기회를 기다리며 새벽 시간을 이용하여 책 쓰기에 시간을 할애했다. 유튜브를 통해 책 쓰기 관련 강의나 책 쓰기 관련 책도 읽으면서 좀 더 나은 책을 내는데 신경 쓰며 복직하기 위한 마음가짐도 준비하였다. 글쓰기가 앞으로 어떻게 살아갈지를 인도해주는 것 같아 하루 중 글 쓰는 시간만큼은 마음에 평화가 찾아왔다.

미래에 나올 내 책이 한사람에게라도 감동을 주고 영혼이 맑아지는 영향을 주는 매개체가 된다면 잘 살았다고 할 수 있을 것 같다. 이 마음이 내가 어떻게 살아갈지를 나타내주는 지표이다. 자신을 먼저 사랑하고 타인을 감동하게 하고 변화시킨다는 것은 가장 큰 의미와 가치 있는 일이라 생각한다. 책을 통해 영향을 받았기에 인생 후배들에게 영향을 주는 사람이 되고 싶어 책을 쓰는 것이다.

90세까지 산다고 했을 때 나의 인생길 에서 반은 이미 살아왔고 반이 남아있다. 돌이켜보면 원하는 꿈을 하나씩 계획 세워 이루며 지내왔다. 배우고 공부하는데 투자하며 다양한 사람들을 만나면서 좋아하는 공연도 보러 다니고 회사직원들과 봉사활동도 해보고 외국 생활도 해 보았다. 미래에 내 과거에 대해 회상했을 때 후회를 덜 하는 인생을 살고자 노력한다. 긍정적인 사고와 생각의 전환을 가져다주는 독서를 통해 나를 변화시키려 했다. 아는 것에 그치면 독서를 해도 소용없기에 변화가 쉽지는 않지만, 메모와 지속적인 세뇌로 주입하면 더 윤택한 삶이 될 것이라 믿는다.

주변 친구들이 안주하지만 않고 새로운 것에 도전하는 내 모습을 보면서 본인들도 자극을 받는다고 한다. 그런 말을 들으면 잘살고 있다고 느껴졌고 개인적으로 행복지수도 올라간다. 가까운 사람들 사이에서 좋은 영향을 주고 받으며 더불어 살아가고 싶은 것이 최종 목표이기 때문이다. 어떻게 살 것인지 답이 보이지 않고 머리만 아프다면 책을 읽고 나에게 맞는 삶을 찾아 해결하는 것이 가장 현명하고 쉬운 방법이다. 가슴이 답답할 때, 힘들 때, 고민이 될 때 독서가 주는 힘이 세다. 지인들에게 물어보는 것에는 한계가 있고 나의 방식대로 진정 원하는 것이 무엇인지 답을 줄 수 있는 사람은 자신뿐이다. 주어진 것에만 국한되어 좁은 시야로 바라보지 말고 다른 세상, 다른 행복도 찾으면서 삶의 도화지에 여러 가지 색깔로 물들이고 싶다. 해보지 않고 모르기 때문에 미처 깨닫지 못하는 행복도 크다. 남들처럼 똑같이 평범하고 반복되는 삶에 안주하기보다는 뭔가 나만의 특별한 이벤트를 만들며 살아가려 한다. 아이들에게도 자주 하는 이야기가 편견을 가지고 세상을 바라보는 것이 아니라 직접 해보면서 몸소 깨달으며 살아가야 한다고 말해준다. 그렇게 지내다 보면 새로운 발견을 통해 어떻게 살아가야 할지에 대한 접근을 쉽게 할 수 있을 것이다. 인생은 정해진 길이 없다. 살아가면서 자신만의 길을 찾아가면 되는 것이고 그 안에서 행복을 느끼면 최고의 삶을 살았다고 말할 수 있을 것이다.

언젠가는 다시 떠나게 되겠지

음식도 먹어본 사람이 먹고, 여행도 떠나본 사람이 떠난다는 말이 있다.

약 1년 만에 한국으로 돌아오는데 귀국하는 비행기 안에서 다음에는 어느 나라로 갈까에 대해 자연스럽게 떠올랐다. 외국에 살아보니 내 몸이 건강하고 안전한 나라라면 크게 문제 될 것도 없고 사람들의 기본적인 정서도 크게 다르지 않음을 알았다. 처음에는 해보지 않은 것에 대한 두려움이 있지만 경험해보면 크게 두려울 것도 겁낼 것도 없어 아직도 보지 못한 세상을 보며 느끼고 살아가고 싶다. 다른 모습과 환경을 통해 지내보면 많은 편견 속에서 지내왔다는 어리석음을 깨닫게 된다. 여행을 하다 보면 사고가 확장되고 소유하고 싶은 것들이 적어지고 인생의 우선순위를 많이 고민하게 된다. 자유여행을 하면 떠돌이 생활을 하므로 여행지가 바뀌고 숙소도 자주 바뀌어 흥미로운 일들도 벌어지며 그 속에서 대처 능력도 배우게 된다. 집에 대한 집착도 조금씩 줄어들고 마음을 내려놓게 된다. 집은 집의 역할을 해주는 곳이면 되고 차는 이동수단의 역할을 해주면 문제 될 것이 없다는 생각이 들기도 한다. 크고 비싼 것에 중점을 두지 않고 가지고 있는 것에 대한 감사한 마음이 들었다.

복직하고 절약 정신으로 돈을 차곡차곡 모은 후 아직도 가보지 못한 나라를 계획 세워서 건강이 허락되는 한 여행에 게을리하지 않아야겠다는 생각이 들었다. 나중에 돈 좀 많이 벌고 가야지, 퇴직 후에 떠나봐야지 한다고 미래에 주어진 조건이 허락될지는 아무도 모른다. 여러 가지 상황상 떠나지 못할 수도 있기 때문에 미루지 말고 떠날 수 있을 때 저질러보면 얻는 것은 분명히 생긴다. 여행경비를 위한 돈을 저축했다가 어느 정도 모이면 가까운 곳부터 다녀오는 것도 좋다. 다녀오고 나면 재충전이 되고 또 다른 삶의 목적이 생겨 인생의 활력이 넘치게 된다. 역동적으로 무엇이든지 일을 진행한다면 그것이 성공 또는 실패를 맛보게 되고 깨닫는 것은 있게 마련이다. 그러면서 나를 바라보는 계기가 된다.

여행은 볼거리 위주로 하나라도 더 구경하기 위해 분주하게 다니는 여행도 좋지만 때로는 느긋하게 사색에 잠겨 한 장소에 머물러 있는 여행도 필요하다. 일상이 바쁨인데 여행 가서까지 바쁨으로 이어지면 심신이 피곤해지기도 한다. 나이가 들수록 여행지의 현지인들처럼 느긋함을 즐기며 여유롭게 지내다 오는 것을 더 선호하게 된다.

여행 떠나는 일도 부지런해야 할 수 있다. 짐 싸고 푸는 일, 여행 일정 잡는 일도 만만치 않은 일이기 때문이다. 여행사 통한 패키지여행이 아니라면 하나에서 열까지 일일이 다 알아보고 예약하고 스케줄을 정해야 한다. 하나라도 순조롭게 진행되지 않는다면 여행이 어그러질 수도 있다. 유레일패스 15일짜리 구매해 놓고 일정 잡고 기차표 미리 예매하고 알아보는 것만 5일 이상 걸렸다. 막연하게 패스만 사고 기차를 타면 되는 줄 알았는데 일일이 사이트에 들어가서 기차표를 예매하지 않으면 못 타는 경로가 있어 공부하느라 애먹었다. 예약한 기차를 타기 위해서는 짜인 일정대로 움직이지 않으면 일정이 엉켜 곤란할 수도 있기 때문에 예약한 시간을 잘 점검하고 다녀야 했다. 무엇이든지 쉽게 편하게 되는 것은 없고 정성을 들이고 시간 투자를 해야 그만큼의 대가를 얻는 것이다.

유럽 내 저가항공도 금액이 고무줄처럼 늘었다 줄었다 하므로 수시로 금액 조회하고 저렴할 때 예약하면 이득이 된다. 그렇게 해서 스위스에서 스페인을 갈 때 가족 4인이 20만 원으로 비행기 왕복 티켓을 낳은 적이 있다. 많은 정보를 알고 있어야 여행 속에서도 유익한 정보를 얻어 절약할 수 있는 부분은 절약하며 다닐 수 있는 것이다. 여행을 위한 공부하는 시간을 가지게 되고 여행 준비하면서 기다려지는 행복감이 크게 다가온다.

지인 중 명절 때가 되면 친정이나 시댁에 가지 않아도 되고 자유의 여신이 되어 여행만 하는 싱글들이 있다. 친인척이 모이는 자리에서 눈치 볼 것도 없고 여러 나라 여행을 하면서 견문도 넓히고 마음의 여유를 가지고 지내다 보니 힐링이 된다고 한다. 그야말로 떠나고 싶을 때 언제든 떠난다는 것이 자신의 삶을 멋지게 가꾸는 것 같아 부럽기도 하다. 싱글 남녀가 모두 자유롭게 떠나는 것은 아니다. 그것도 각자의 성향에 따라 할 수 있는 사람이 있고 돈을 주어도 못 하는 사람이 있다. 떠나본 사람이 그 맛을 알아 또 떠나는 것이다.

여행을 통해 문화적 차이, 세대 간 차이 등을 느껴보면 자신이 가지고 있는 편협된 사고를 확장된 사고로 전환하는 데 도움도 된다. 사람과 가까워지는 기회가 되기도 한다. 여행은 투자 대비 가치 있는 일이므로 평소에 소비를 줄이고 여행에 소비하는 것도 인생에 득이 된다.

앞으로도 살아갈 날을 생각하며 기회를 만들어서 떠날 채비를 하고 여행에 투자하는 삶을 그려보자. 꿈꾸는 세상은 그 방향으로 흘러가기 때문에 그 꿈에 다가가게 되어 있다. 그 날을 기약하며 오늘도 활기차게 시작한다.

또 다른 꿈을 향해

살면서 자신만의 색다른 꿈을 향해 달려간다.

귀국 후 우리 부부는 일상에 적응하면서 1년 전 이날에는 무엇을 했나를 되짚어보며 가끔 추억에 빠져서 에피소드를 나누기도 한다. 꿈같은 시간이 어느새 흘러 복직을 하고 각자의 맡은 일에 충실히 수행하며 지내고 있다. 스위스를 떠나 한 달 정도는 그곳에서 지냈던 이야기도 나누고 친구도 그리워하며 현재의 삶 속에서 해결해야 할 문제들을 풀어나갔다. 아이들도 한국에서 1년 동안 보지 못했던 친구들과 어울리며 지내느라 스위스에서의 생활에 대한 언급이 점점 사라졌다. 가슴 한쪽으로 묻어두고 기억에서도 희미해지는 것은 사실이었다. 과거는 과거로서 존재한 것이고 이제는 현재를 즐기며 살아야 미래도 즐길 수 있다는 생각이 들었다. 가족이 함께 외국생활해 보는 것에 대한 꿈도 이루었으니 이제 또 다른 꿈을 꾸며 살아야지 삶이 윤택해질 것 같았다. 뭔가 이루고픈 꿈이 있어야 살아가는 의미가 있는 것 같아 평소에도 꿈에 대해 생각하고 메모하는 것을 즐겼다.

각자가 어떤 것을 해보고 싶은지에 대해 아이들과 상의를 해 보았다. 유럽 쪽 여행은 다녀왔으니 아직도 가보지 않은 많은 나라 중 북미 쪽을 가보고 싶다고 했다. 캐나다에서 온 친구와 같은 반이었던 딸이 그쪽을 가보고 싶다는 것이다. 열심히 살아야 할 이유가 더 생겼다. 그냥 주어진 대로만 사는 것보다는 이유와 목적을 두고 살아가면 삶을 대하는 자세도 달라지고 하루를 허투루 살지 않게 된다. 여행과 관련 꿈 말고도 개인적인 꿈을 찾기 위해 잘 생각해보라고 이야기해 주었다. 이루고 싶은 꿈을 적어보고 자신이 무엇을 하고 싶은지 잘하는 것이 무엇인지 찾아내는 것이 정말 중요하다. 무조건 공부 쪽으로만 치중하는 것이 아니라 자신의 재능을 발견하고 이루는 것이 자존감도 올라가고 자신감도 생긴다.

스위스에서는 중학교 때부터 공부와 운동 중 선택을 하게 해서 공부는 공부를 좋아하고 하고 싶은 학생들만 하게 된다. 운동 쪽이 적성에 맞고 그 길로 가고 싶은 아이들은 운동에 더욱 집중하는 것이다. 일률적으로 공부를 해야만 하는 분위기가 아니기 때문에 각자 삶의 만족도도 높아진다. 운동하기에도 좋은 여건과 환경이 갖추어져 있으니 운동도 열심히 지원해주는 것 같았다. 그래서 유럽에는 실력이 뛰어난 축구 선수, 테니스 선수 등이 많이 배출되는 모양이다. 테니스, 축구, 스키, 컬링 등 다양한 스포츠 중 재능이 있는 쪽으로 선택하여 전문 선수가 되기 위해 일찌감치 그 길로 들어서는 것이다. 공부로 성공하고 만족스럽게 사는 사람이 얼마나 많을까 싶다. 적어도 고등학교 졸업은 해야 한다는 생각에 의무감으로 다니지만 정작 공부는 간절히 원할 때 해야 능률도 오르고 효과도 있다. 지금 와서 보니 학교에서 배웠던 공부보다 성인 이후에 배운 공부가 살아가는 데 더 유익하고 효용 가치가 높았다. 모든 학생을 학교 공부에만 치중하는 우리나라 현실이 아이들을 틀에 가두는 것 같아 답답할 때가 있다. 학교 다닐 때는 공부에 관심이 없다가도 뒤늦게 공부에 눈을 뜨고 해보고 싶은 것이 생겨 도전하고 성공하는 사람들도 있다.

공부 쪽으로만 하려니 꿈도 제한적이고 미처 알지 못하는 꿈도 많이 있다. 부모도 꿈을 한정적으로만 보고 자랐기에 자녀들에게 알려줄 수 있는 꿈도 한계가 있는 것이다. 어릴 적부터 해보라는 긍정의 메시지보다는 하지 말라는 제한적 메시지를 많이 듣고 자라기도 한다. 위험해서 안 되고, 돈벌이가 되지 않는 것이라 안 되고, 학교 공부에는 도움이 되는 것이 아니라 못해본 것들도 많이 있다. 어떤 분들은 어릴 적 못 해봤던 악기를 배운다거나 그림을 그리는 등의 취미생활이 나이 들어 시작되기도 한다. 꿈을 접어 두었다가 찾아내고 펼치는 작업을 하는 것이다.

딸은 잘하던지 못하던지 대회에 나가는 것이 재미있다며 즐거한다. 누가 시켜서 하는 것도 아니기 때문에 다행이다 싶었다. 달리기를 잘하는 건 아니어도 반에서 대회에 나가려는 친구가 없다며 본인이 출전해보겠다는 것이다. 아침마다 다른 친구들보다 일찍 학교에 가서 연습할 때도 스스로 일어나 등교를 준비했다. 본인의 선택에 본인이 책임을 질 줄 아는 나이가 된 것이다. 스스로가 동기부여를 찾고 실행해보면서 다양하게 도전하다 보면 자신이 진정 원하는 꿈을 찾지 않을까 생각한다. 5학년 때도 학교에서 사물놀이 대회 등이 있었는데 스위스를 가는 바람에 출전하지 못해 아쉬워하고 속상해하기도 했다. 학업과 관련된 것이 아니라도 하고 싶은 것이 있다면 무조건 승낙하고 해 보도록 권장한다. 아들도 축구에 관심을 보이더니 하교 후 친구들과 2시간씩 축구와 야구로 시간을 보내고 집에 오면 행복해 보이는 모습을 자주 보았다. 달리기를 유치원 때부터 잘해 대표로 뽑혔었는데 학교 대표로 나간다며 신나서 이야기하던 모습이 떠오른다. 운동에 소질이 있는 아이라는 것을 알고 지원해주고 있다. 타고난 재능이 모두 다르기 때문에 유심히 관찰해야 한다. 어른이나 아이 상관없이 본인이 좋아하는 일을 하게 되면 표정부터 달라진다. 지인 중에서도 자신이 어떤 일을 시작했는데 가슴이 뛰는 것을 경험했다며 격양된 목소리로 설명을 해 주었다. 자신만의 그 무엇을 찾은 것이다.

중년의 나이에 새로운 꿈이 생겼다. 전혀 알지 못했던 글쓰기 세상을 접하고 나서는 지속적인 글쓰기 작업이 마음의 안정과 기쁨을 가져다준다는 것을 느껴 새벽에 일어나 꾸준히 쓰고 있다. 새로운 꿈이 보이니 새로운 세상으로 다가왔다. 이런 꿈을 가질 수 있도록 1년간의 쉼이 얼마나 소중한지 모른다. 해보지 않았으면 알지 못하고 죽었을 텐데 해보고 나서 꾸준히 해보고 싶은 열망이 생긴 것이다. 중심을 잃지 않고 매일 글을 쓴다면 언젠가는 출간이 될 거라 믿으며 내 이름으로 된 책을 간직하는 상상을 한다. 믿는 대로 이루어질 것이라 생각한다. 각자의 꿈을 향해 달리는 것이 인생이다. 가족 단위의 꿈과 개인적인 꿈을 나열해보고 하나씩 이루어 간다면 하늘의 별처럼 빛나는 인생을 살게 될 것이다. 꿈꾸는 자는 인생을 자연스럽게 즐기게 되어 있고, 살아있는 자체에 감사한 생각이 든다.

유럽 생활 1년 후 깨달음

워킹 맘으로 지내면서 한 달만 쉬었으면 하는 생각이 자주 들었다.

꿈에 그리던 유럽 생활까지 하면서 지낸 것에 제일 먼저 든 생각은 무조건 감사한 마음이었다. 휴직을 낼 수 있는 조건도 되었고 아이들도 초등학생이라 1년의 공백 기간이 덜 부담되었다. 여러 가지 조건에서 어긋남 없이 잘 맞아떨어져 다녀올 수 있었던 것도 행운이다.

주변의 부러움을 한 몸에 받고 떠났던 유럽 생활을 상상 속으로 그려왔던 대로 잘 지냈나 생각해본다. 잘 지냈다는 것은 남의 시선이 아닌 내가 느끼는 삶의 만족도로 이야기 할 수 있다.

무엇보다도 내가 주체가 되어 시간을 이끌어 나가는 삶을 살아가고 싶었다. 정해진 시간에 뭔가를 해야만 하는 강박관념에서 벗어나서 자고 싶을 때는 자고, 먹고 싶을 때 먹고, 글 쓰고 싶을 때 쓰면서 자유롭게 살아보고 싶었다.

스위스에서도 아이들이 학교에 다녔기 때문에 마냥 게으름을 피울 수는 없었고 게으르게 살고 싶지도 않았다. 규칙적인 시간에 일어나 감사기도 드리고 아이들 챙기면서 하루 경영을 위한 고민을 많이 했다. 하루를 온전히 나만의 시간으로 보내지는 못했지만, 마음이 여유롭다 보니 아이들을 덜 재촉하게 되고 시간을 있는 그대로 즐길 수 있었다. 잔잔한 음악을 틀어 놓고 요리를 할 수 있었고 산책을 하며 현지인들과 인사를 나누고 아침, 저녁으로 조깅하며 체력을 키웠다. 가만히 멀리 보이는 자연을 바라보고 앞으로 인생구상도 하고 유튜브로 김미경 강사님의 좋은 말씀도 많이 들었다. 아이들의 방학이 찾아오면 유럽 여행 스케줄 짜고 여행 공부를 시작했다. 공짜로 되는 일은 없었다. 몸을 움직이고 생각을 해야지 이루어 내는 것이 생긴다. 여행 다니면서 일기도 부지런히 쓰고 글쓰기는 하루에 2~3시간씩 할애하며 조용한 시간에 전념할 수 있었다. 전자책으로 책도 읽고 집 안에서 넓은 창밖을 보며 놀이터에서 노는 아이들도 구경하고 바닥에 주저앉아 간식을 먹고 있는 사람들도 구경했다. 인터넷에서 스케치해 놓은 그림을 따라 그려보니 재미있어 언젠가는 본격적으로 배워보고 싶은 생각도 들었다. 가끔 친구들을 초대해서 즐거운 시간도 가지고 스위스 문화를 익히기 위해 구석구석 찾아다녔다.

여유로운 삶을 살아보니 자신이 좋아하는 일이 무엇인지도 알게 된 것 같다. 글 쓰는 시간이 나를 일으켜주는 시간이었다. 과거에서 미래까지 생각하게 되었고, 생각의 찌꺼기를 걸러내는 작업의 시간을 가졌다. 사람들이 현실에 안주하는 삶을 살면서 자신이 정작 좋아하고 하고 싶은 것이 무엇인지 모른다고 말하는 사람들이 많다. 아이들만 잘 키우면 내 삶을 잘 살았다고 말할 수 있을까? 아이들이 성장하고 나면 아이들은 그들의 삶을 꾸려나가기 위해 바쁘다. 내 삶도 만들어나가는 데 고민해야 하는 것은 필수이다. 중년이 되면 약간씩 허무감이 찾아온다. 그 마음을 축소하기 위해 자신만의 취미생활도 있어야 삶이 풍요로워진다. 그것을 찾고 즐길 수 있는 시간이었기에 참으로 행복했다. 책이 출간되면 더욱 좋겠지만 안 되어도 포기하지 않고 노력하는 것이 중요하다. 1년 동안 3개의 책 제목으로 글을 썼다는 것에 스스로가 뿌듯했다. 글쓰기는 전문가들만 해야 하는 줄 알았는데 일반 사람들도 글을 쓸 수도 있다는 것에 새로웠다. 독서는 즐겼지만 글을 써보리라고는 생각하지도 못했다. 이런 사실을 알게 된 것조차도 큰 수확이라 생각된다. 그런 시간이 주어지지 않았다면 전혀 해보지도 못했을 일이다. 회사 동료가 아닌 다른 세계 사람들과 소통하는 것도 환기가 되었고 자극이 되어 신선했다.

무조건 앞만 보고 달리지 말고 나를 알아가는 시간을 가지라고 많은 사람에게 말해주고 싶다. 어릴 때부터 잘했던 것이 무엇이었는지, 어떤 시점에서 상처를 받고 자랐는지, 하고 싶었던 것은 무엇이었는지, 가치관은 무엇인지 등에 대해 깊이 고민하는 시간을 가져보면 어떻게 살아갈지 조금씩 깨닫게 된다. 더불어 취미생활도 찾게 된다. 20대에 머무를 것 같았는데 어느새 중년의 나이가 되었다. 열심히는 살았지만, 항상 그 자리에 머물러 있는 것 같았고 성장은 하고 있는 것인지 검증이 되지 않아 답답했고, 이렇게만 살다 생을 마감하는 것은 아닌지 라는 생각이 들 때도 있다. 자신을 들여다보면 시간 속에서 조금씩 변화하고 나아지고 있었다는 것을 발견하게 될 것이다. 자신을 믿고 주변의 좋은 사람들과 책이나 매스컴 등의 매개체를 통해 자극을 받으면서 하루를 짜임새 있게 살아가면 몇 년 후에 쌓이고 쌓여 열매를 맺게 될 것이다. 어느 나라에서나 인간관계는 친절을 기본으로 베풀면 되돌아오고 세상에는 선한 사람이 많기 때문에 살아갈 맛이 생긴다.

지난 시간은 앞으로 잘 달릴 수 있도록 윤활제 역할을 해준 시간이었다. 나 자신에 대해 알게 된 사실을 사실로만 그치지 않고 실천으로 옮기고 있다. 그런 삶을 지속해서 유지하고 나눠주고 싶은 이들에게 최대한 나눠주며 도움을 주고 살고 싶다. 기계도 고장 날 때쯤 되면 손을 봐줘야 하듯이 사람도 지쳤을 때는 쉼과 여유가 필요하다는 것을 절실히 느꼈다. 무조건 앞만 보지 말고 옆도 보고 뒤도 보면서 자신을 찾아가는 시간을 가지는 여유를 가져보자. 남들보다 조금 늦게 간다고 조급해 하지 말고 현재 나에게 가장 필요한 것이 무엇인지 깨달아야겠다.

내 멋대로 유럽 생활

초판 1쇄 발행 | 2019년 4월 29일

지은이 | 김주연
펴낸이 | 김지연
펴낸곳 | 생각의빛

주 소 | 경기도 파주시 한빛로 70 515-501

출판등록 | 2018년 8월 6일   제 406-2018-000094호

ISBN | 979-11-964594-9-9 (03920)

원고 투고 | sangkac@nate.com

ⓒ김주연, 2019

* 값 13,200원

* 생각의빛은 삶의 감동을 이끌어내는 진솔한 책을 발간하고 있습니다. 참신
한 원고가 준비되셨다면 망설이지 마시고 연락주세요.

이 도서의 국립중앙도서관 출판예정도서목록(CIP)은 서지정보유통지원시
스템 홈페이지(http://seoji.nl.go.kr)와 국가자료종합목록시스템(http://www.
nl.go.kr/kolisnet)에서 이용하실 수 있습니다. (CIP제어번호 : CIP2019013553)